생각은 양손잡이 처럼

# 생각은 양손잡이처럼

2022년 4월 25일 초판1쇄 발행

**지은이** 정병익

**펴낸이** 김은경
**책임편집** 강현호
**편집** 권정희, 이은규
**마케팅** 박선영
**디자인** 김경미
**경영지원** 이연정

**펴낸곳** ㈜북스톤
**주소** 서울특별시 성동구 연무장7길 11, 8층
**대표전화** 02-6463-7000
**팩스** 02-6499-1706
**이메일** info@book-stone.co.kr
**출판등록** 2015년 1월 2일 제2018-000078호

ⓒ 정병익
(저작권자와 맺은 특약에 따라 검인을 생략합니다)

**ISBN** 979-11-91211-64-1　(03320)

북스톤은 세상에 오래 남는 책을 만들고자 합니다. 이에 동참을 원하는 독자 여러분의 아이디어와 원고를 기다리고 있습니다. 책으로 엮기를 원하는 기획이나 원고가 있으신 분은 연락처와 함께 이메일 info@book-stone.co.kr로 보내주세요. 돌에 새기듯, 오래 남는 지혜를 전하는 데 힘쓰겠습니다.

생각은
양손잡이처럼

펼라는 생각들을 위한 가이드

디자인 씽킹

정병익 지음

넉스톤

# 생각은 양손잡이처럼

"난 심장이 세 개라 널 쉽게 잊지 못할 거야."

픽사의 2016년작 애니메이션 〈도리를 찾아서〉의 문어 행크가 남긴 명대사입니다. 건망증이 심한 물고기 도리의 부모를 찾아주고 도리와 헤어지며 건넨 말이죠. 실제로 문어의 심장이 세 개인 이유는 더 많은 산소를 효과적으로 운반하기 위해서라고 합니다. 더욱 특이한 점은 문어의 신경세포 2/3 이상이 뇌가 아닌 다리(팔이라고도 합니다)와 몸에 있다는 점입니다. 다리를 뻗고 구부리는 등의 동작은 뇌의 명령 없이도 가능하다고 하네요. 언뜻 보기엔 아주 기괴한 구조이지만 아주 훌륭한 생존 전략입니다.

문어처럼은 아니더라도 우리 인간에게도 생존 전략이 필요한 때입니다. 그간 확실한 답이 대접받았고 확실하진 않아도 나름의 답을 내놓아야 했던 것과 달리, 이제 우리는 정답을 내놓을 수 없을 만큼 빠른 변화 속에 있습니다. 그간 요구된 능력 그 이상의 무엇을 찾아야 하는 시기입니다. 이 책에서 다루는 '디자인 씽킹'이라는 개념은 바로 '그 이상의 무엇'을 찾기 위한 요구에서 시작됐습니다. 즉, 디자인 씽킹은 나로서 살아가기 위한 생존 전략과 맞닿아 있습니다.

디자인 씽킹의 정의는 여러 가지가 있습니다만, 저는 누구나 쉽게 공감할 수 있는 정의가 무엇일지 고민했습니다. 이 책의 제목《생각은 양손잡이처럼》은 그러한 고민에서 나온 것이고, 문제 해결을 위해 좌뇌와 우뇌를 자유롭게 오가며 생각하자는 제안입니다. 나아가 그 생각이 남에게 어떻게 보일지 너무 걱정하지 말고 입 밖으로 꺼내고, 손으로 직접 만들어보는 수고도 필요합니다.

디자인 씽킹은 생각보다 거창한 이론도 아니고, 정형화된 방법을 반드시 따라야 하는 것도 아닙니다. 사실, 방법이라기 보단 자세에 가깝습니다. 그럼에도 디자인 씽킹 워크숍이나 강의, 프로젝트를 하면서 해결하지 못한, 머릿속을 떠도는 질문이 있었습니다.

"왜 아이디어를 쏟아내지 못하지?"
"왜 새로운 질문하기를 두려워하지?"
"비판은 참 똑똑하게 하는데, 멍청한 질문을 하는 데는 왜 이리 서투르지?"
"귀추법을 왜 쉽게 이해하지 못하지?"
"HMW를 아무리 설명해도 왜 적용하지 못하지?"

디자인 씽킹에 대한 온갖 책과 논문을 봐도 답이 명쾌하게 떠오르지 않았습니다. 그래서 결정했습니다. 현장에서 답을 구하기로요.

《4차 산업혁명 시대, 디자인 씽킹이 답이다》라는 책을 쓰고 난 후 3년이라는 시간을 특강과 워크숍, 프로젝트를 위해 전국을 누비는 데 보냈습니다. 그렇게 디자인 씽킹을 더 널리 알리고 프로젝트를 같이해보니 활자를 뛰어넘는 생생한 경험을 할 수 있었습니다. 그렇게 질문의 답이 조금씩 떠오르기 시작했습니다. 그리고 그 답이 머릿속에서 사라지기 전에 확실히 남겨야겠다는 사명감이 생겼습니다.

디자인 씽킹에 그 누구보다 열광하면서도 정작 실천에 어려워하는 이들을 위해, 디자인 씽킹을 쉽고 편안하게 이해하기 위한 책을 쓰고 싶어졌습니다. 글로는 이해하기 쉽지만 마음으로 이해하기는 더 어렵고, 막상 손으로 하려면 더 어려운 디자인 씽킹을 '최대한 만만하고 가벼운 녀석'으로 보여주고 싶어졌습니다. 이 책은 이렇게 탄생했습니다.

사실 그간의 디자인 씽킹 관련 책은 이론에 너무 치중하다 보니 실제로 디자인 씽킹을 해야 할 이들에겐 딱딱하고 덜 와 닿는다는 평이 많았습니다. 부끄럽지만 제가 썼던 책도 마찬가지입니다. 이번 책에서는 이론을 설명하기보다 다양한 사례와 방법론을 쉽게 소개하려 했습니다.

또한 이 책은 국내 사례를 집중적으로 소개합니다. 기존 디자인 씽킹 책을 읽어보면 대부분 사례가 해외 이야기입니다. 해외 사례가 더 다양하고 전문적인 것처럼 보일 수 있겠지만 우리나라 상황에 맞지 않는 경우도 많습니다. 제가 지난 3년간 대학, 공공기관, 기업에서 진행한 특강, 워크숍, 프로젝트라면 가장 '한국적'인 사례일 테니 독자들이 더욱 공감하고 이해하기 쉬울 것이라 기대합니다.

마지막으로 보통 디자인 씽킹이라 하면 사람들은 문제 해결 방법론 중 하나겠거니 생각합니다. 즉, 스킬이나 방법론을 먼저 파악해야 한다고 생각하죠. 하지만 저는 디자인 씽킹의 방법 뒤에 있는 철학, 이론 및 생각하는 방식 등을 전하고 싶었습니다. 이 책에서 말하는 디자인 씽킹이란 우리의 일상과 일하는 방식을 뒤흔들 수 있는 강력한 존재입니다.

학자로서 큰 결심(?)을 안고 시작한 책인 만큼, 이 책으로 어떤 새로운 일과 인연을 만날지 벌써부터 궁금해집니다. 부디 저와 디자인 씽킹에 대해 최대한 모르는 분들이 이 책을 많이 읽어주셨으면 하는 바람입니다. 일상을 풍요롭게 하고 일하는 방식을 창의적으로 바꿀 수 있는 힘은 이미 우리 안에 있습니다. 단, 생각을 양손잡이처럼 한다는 전제에서요.

차례

"너를 알게 되어서,
나는 달라졌어…. 영원히."

뮤지컬 〈위키드〉에 나오는 대사입니다.
디자인 씽킹 세계에 온 것을 환영합니다.

# 디자인 씽킹

## 나로서 살아가기 위한 생존 전략

뮤지컬 〈위키드〉는 2003년 10월 브로드웨이 초연을 시작으로 지금까지도 공연 중인 인기 뮤지컬입니다. 그레고리 머과이어의 동명 소설을 바탕으로 만들어졌죠. 널리 알려진 소설 〈오즈의 마법사〉를 살짝 뒤틀어 '사악한 서쪽 마녀' 엘파바는 오즈의 마법사에 대항하는 정의롭고 의협심이 강한 인물이며, '착한 마녀' 글린다는 꾸미기 좋아하고 주목받아야 직성이 풀리는 인물이라는 설정을 바탕으로 누구라도 귀가 번쩍 뜨일 만한 이야기를 들려줍니다. 참고로 엘파바라는 이름은 〈오즈의 마법사〉의 작가인 라이먼 프랭크 바움의 이름 앞글자에서 따왔다고 합니다.

위키드wicked를 영어사전에서 찾아보면 '못된, 사악한'이라는 형용사로 주로 사람의 성향을 표현하는 뜻으로 씁니다. 하지만 문제나 사건 앞에서는 '고약한'이라는 뜻이 됩니다.

이 책을 보는 여러분이라면 아마도 디자인 씽킹 관련 논문이나 책, 기사나 인터넷 포스팅을 한번쯤은 읽어봤을 겁니다. 그리고 위키드 프라블럼wicked problem이라는 용어도 접해봤을 겁니다. 그야말로 '고약한 문제'라는 뜻인데, 과연 어떤 것일까요?

실마리조차 보이지 않는 미제 사건, 코로나19, 전 세계가 머리를 맞대고 고민하는 지구 온난화 문제 등이 대표적인 위키드 프라블럼입니다. 어느 하나 기존의 방식으로는 손쉽게 해결하기 어려운, 어디서부터 시작해야 할지 가늠조차 하기 어려운 문제죠. 우리나라 말로는 '난제' 정도로 해석 가능하겠군요.

일리노이공대 교수 제러미 알렉시스는 디자인 씽킹을 설명할 때 '퍼즐'과 '미스터리'를 비유로 듭니다. 즉, 지금까지 세상이 우리에게 던진 질문은 수학과 과학적 사고로 해결 가능한 퍼즐 같았다면, 미래의 문제는 새끼 고양이가 엉망으로 꼬아버린 털실 뭉치처럼 뒤엉킨 미스터리 같다는 것이죠.

그간 우리가 살아온 세상은 주기적 변화를 거치며 진보했습니다. '산업혁명'이라는 이름으로 3차까지 일목요연하게 정리됐고, 몇몇 학자는 이제 다가오는 미래를 4차 산업혁명이라 말하면서 이 불확실하고 빠른 변화에 대비해야 한다고 말합니다.

4차 산업혁명은 몇 년간 많은 곳에서 다룬 주제이므로 간단하게만 이야기하겠습니다. 4차 산업혁명의 가장 큰 특징은 다양한 분야의 기술적 발달이 동시다발적으로 일어나고 서로 융합한다는 것입니다. 유전자 염기 서열 분석에서 나노 기술, 재생에너지, 퀀텀 컴퓨팅 등 기존에 독립적으로 발달한 물리학, 디지털, 생물학 등의 분야가 서로 교류하고 결합하는 4차 산업혁명은 이전 혁명과는 근본적으로 다릅니다. '4차'라는 말로는 부족할 정도입니다.

당연하게도 4차 산업혁명 시대엔 상상 이상의 다른 세계가 펼쳐질 것입니다. 구체적으로 어떤 세계가 올지는 누구도 확답할 수 없지만, 기존 경쟁의 논리가 무의미해짐은 분명합니다. 기업과 조직이 요구하는 인재상과 역량 역시 획기적으로 바뀔 겁니다. 그럼 우리는 다가올 미래에 어떠한 역할을 해야 할까요? 무슨 능력을 키워야 할까요?

2차 세계대전 때 일입니다. 당시 미군에서는 파일럿을 선발하기 위해 면접관 두 명을 임명했습니다. 한 명은 심리학자 조이 길퍼드였으며, 다른 한 명은 퇴역한 전임 공군 사령관이었습니다. 두 면접관은 각자의 기준에 따라 파일럿을 선발했고, 선발된 이들은 교육 후 곧 독일전에 배치됐습니다. 몇 달 뒤 파일럿 전사자를 집계했는데 놀라운 결과가 나왔습니다. 전사자의 대부분은 길퍼드가 선발한 이들이었습니다. 반면 전임 공군 사령관이 선발한 파일럿은 대부분 생존했습니다. 길퍼드는 원인을 돌이켜본 결과, 면접 중 다음 질문이 핵심이었음을 깨달았습니다.

"작전 수행 시 적군이 대공포를 발사하면 어떻게 하겠나?"

당시 공군 매뉴얼에는 고도를 올려야 한다고 적혀 있었습니다. 길퍼드는 매뉴얼대로 대답한 지원자를 선발했습니다. 반면 전임 공군 사령관은 매뉴얼대로 대답한 지원자를 모조리 탈락시켰다고 합니다. 그가 선발한 지원자는 오히려 "하강하겠습니다", "좌우로 기체를 흔들어 피하겠습니다"처럼 '틀린' 대답을 했습니다. 그런데 그 틀린 대답이 통한 겁니다. 미군이 계속 매뉴얼대로만 행동하니 독일군은 패턴을 바로 간파했고, 미군 전투기가 고도를 올리길 기다렸다 공격했습니다. 반면 예측 못한 패턴을 보인 파일럿은 살아남았고요.

2차 세계대전 때도 이랬는데, 하물며 4차 산업혁명 시대에서 매뉴얼대로 정답을 찾으려 한다면 더는 생존을 보장받을 수 없습니다. 정답이 있는 문제는 기계에게 물려줄 때입니다. 이제 인간은 기계가 할 수 없는 창의적이고 때론 무모하리만치 비규칙적인 아이디어를 내야 합니다.

2016년 세계경제포럼은 미래 직업에서 핵심적으로 필요한 9대 역량을 꼽았습니다. 인지 능력, 신체 능력, 업무 내용 관련 역량, 업무 처리 관련 역량, 사회관계 역량, 시스템적 역량, 자원 관리 역량, 테크놀로지 역량 그리고 복합적 문제 해결 역량이 그것입니다. 여기서 가장 중요한 것은 '복합적 문제 해결 역량'입니다. 문제 해결 역량은 무슨 뜻인지 알겠는데, 그 앞에 놓인 '복합적'이라는 단어가 눈에 띕니다. 어떻게 복합적으로 문제를 해결하란 뜻일까요?

어려운 이야기가 아닙니다. 좌뇌와 우뇌를 균형 있게 쓰라는 것입니다. 좌뇌는 언어, 규칙, 논리, 전략 등 '딱딱한' 영역을 관장하고 우뇌는 창의성, 직관, 호기심 등 '부드러운' 영역을 관장하는 것으로 알려져 있습니다. 물론 절대적인 것은 아니지만 법조인, 의사, 회계사 등은 좌뇌형일 확률이 높고 디자이너, 화가, 소설가, 마케터 등은 우뇌형일 확률이 높습니다.

그런데 과학적 사고로 해결 가능한 좌뇌형 문제는 이제 컴퓨터와 기계가 인간보다 훨씬 더 빠르고 정확하게 풀 수 있습니다. 그간 자신이 좌뇌만을 활용했거나, 좌뇌형에 가깝다고 느꼈다면 이제 심각하게 미래에 대해 고민해야 합니다. 그리고 좋

언어, 규칙, 논리, 전략의 **좌뇌**와

창의성, 직관, 호기심의 **우뇌**를

**자유롭게 오가는 것**이

바로 **디자인 씽킹**입니다.

든 싫든 우뇌형의 영역으로 한 걸음 더 나아가야 합니다. 물론 인간이 할 좌뇌형 일의 영역이 완전히 사라지지는 않을 것이고, 컴퓨터나 기계에 의해 미래의 문제가 모두 해결되지도 않겠죠. 분명한 사실은 좌뇌와 우뇌를 동시에 잘 활용해야만 해결이 가능한 복합적 문제는 여전히 인간의 몫이라는 겁니다. 앞에서 말한 위키드 프라블럼은 좌뇌와 우뇌를 동시에 잘 활용하는, 복합적 문제 해결 역량으로만 풀 수 있습니다.

제가 즐겨 인용하는 예가 있습니다. 바로 체스인데요. 체스 선수인 망누스 칼센은 노르웨이 출신으로 2010년부터 10년 넘게 세계 랭킹 1위를 유지하고 있습니다. 그런데 재미있는 사실은, 체스 소프트웨어로 평가한 랭킹에서 칼센은 1등이 아니라고 합니다. 참고로 블라디미르 크람니크라는 선수가 1등이라고 하네요. 그러면 칼센은 어떻게 세계 최고가 됐을까요?

그의 진짜 능력은 컴퓨터 시뮬레이션상 최고의 수를 두기보다 상대방을 혼동시켜 제 기량을 못 펼치게 하는 것입니다. 그의 진짜 능력은 자유자재로 구사 가능한 변칙적 전략입니다. 정석적인 수 싸움에도 능하지만 예측하지 않은 순간에 변칙을 구사해 상대의 멘털을 휘저어놓는 식이죠. 즉, 초중반에는 좌뇌를 극도로 쓰다가 막판에는 우뇌를 활용해 좌뇌로만 경기를 끌어온 상대방의 허점을 찌르는 겁니다. 굳이 체스가 아니더라도 운동 경기나 게임 방송을 보면 상대의 변칙적인 플레이로 게임의 승부가 바뀌는 경우를 꽤 볼 수 있습니다.

이 책은 디자인 씽킹에 대해 다룹니다. 좀 더 쉽게 말하면 좌뇌와 우뇌를 균형감 있게, 유기적으로 쓰는 방법엔 무엇이 있는지를 알아보려 합니다. 만약 자신이 좌뇌형에 가깝다면 우뇌형 문제 해결 방식을 이해하고 따라 하면서 좌뇌와 우뇌를 균형 있게 쓰는 방법을 알 수 있습니다. 자신이 우뇌형이라면 좌뇌형 문제 해결 방식에서 적용할 것은 없는지, 있다면 어떻게 녹여낼지를 알 수 있습니다. 이제 양쪽 뇌를 모두 깨울 시간입니다.

책을 '여는' 마음으로
디자인 씽킹을 느끼세요.
이 책을 '닫기' 전까지는요.

디자인 씽킹이란
정의할 수 없는 개념입니다.

디자인 씽킹이
한마디로 뭐냐고요?

디자인 씽킹 관련 책을 쓰니 여기저기서 강연 의뢰가 옵니다. 책이 많이 팔린 것은 아니지만 그간 저를 전혀 몰랐을 사람이나 기관에서 의뢰가 오니 신기하고 재밌었습니다. 그렇게 강연이나 워크숍을 진행하면서 청중에게 가장 많이 받는 질문이 있습니다.

"그래서, 디자인 씽킹이 한마디로 뭔가요?"

예상한 질문이지만 막상 받으면 숨이 턱 막히고 땀이 삐질삐질 납니다. 상대에게 무언가 새롭거나 낯선 컨셉을 한마디로 설명하기란 언제나 어렵습니다. 그럼에도 나름의 생각을 최대한 쉽게 풀어서 말해봅니다.

"디자인 씽킹은 실리콘밸리에서 시작된 문제 해결법으로, 기존 로지컬 씽킹과 달리 다소 느슨하고 엉뚱한 방법론으로 진행합니다. 고객과의 공감에서 시작해 고객이 평소 가장 불만을 가진, 즉 페인 포인트pain points를 해결하기 위해 귀추법abduction, HMW 등을 통해 새로운 아이디어를 내고 프로토타입을 만든 후 고객을 초대해 아이디어를 검증합니다. 즉, 고객 중심의 문제 해결법입니다."

딴에는 훌륭한 설명이라 위안하지만 청중의 반응은 역시나입니다.

'설명을 들으니 더 모르겠는데요⋯.'

설명할수록 더 어려워지는 디자인 씽킹. 우린 이것을 어떻게 정의해야 할까요?

선구자 및 학자들의 정의를 살펴보죠. 먼저 아이디오의 CEO 팀 브라운의 정의입니다. 참고로 아이디오의 사례는 이 책에서 자주 다룰 예정입니다.

"디자인 씽킹이란 디자이너의 감수성과 방법들을 사용하는 훈련법으로, 기술적으로 실현 가능한 비즈니스 전략을 고객 가치와 시장의 기회로 바꿔 고객의 욕구를 충족시키는 것이다."

다음은 《디자인 씽킹 바이블》, 《생각이 차이를 만든다》를 쓴 로저 마틴의 정의입니다.

"디자인 씽킹을 활용하는 조직은 문제 해결을 위해 디자이너의 가장 중요한 기법을 활용한다. 그것은 바로 귀추법이다."

다음은 스탠퍼드 D스쿨의 정의입니다.

"모든 사람들은 창의적 역량을 갖췄다. 우리는 사람들이 디자인을 활용해 그들의 창의적 잠재력을 개발할 수 있는 공간을 제공한다."

어떤가요? 디자인 씽킹이 무엇인지 다가오나요? 아직 와닿지 않는 분도 있을 겁니다. 힌트를 좀 더 드릴게요. 제가 생각하기에 디자인 씽킹을 정의하는 핵심 키워드는 다음 일곱 가지입니다. 열린 공동 창조open co-creation, 고객 중심user-centric, 이질적 협업opposable collaboration, 장기적 관점/큰 스케일의 지속 가능성long-term perspective/Large-scale sustainability, 빠른 실험 정신fast experimentalism, 이타심/공감altruism/empathy, 양손잡이ambidexterity 입니다.

### 열린 공동 창조

디자인 씽킹은 고객 및 이해관계자와 함께 만들어야 합니다. 디자이너나 기획자, 마케터 혼자서 만드는 게 아니죠. 타인의 지식과 경험을 적극 활용하는 열린 자세가 필요합니다. 그래야 새로운 혁신이 가능합니다.

### 고객 중심

실제 고객이 어떻게 우리의 제품, 서비스를 마주할지 그들

28

의 입장에서 한 걸음 앞서 생각하는 자세가 필요합니다.

## 이질적 협업

디자인 씽킹은 자신과 다른 입장, 경험, 지식을 가진 이들과 팀을 이뤄 일해야 성공률이 높아집니다. 마틴은 《생각이 차이를 만든다》에서 인간의 창의적 활동의 원동력을, 마주 보는 두 손가락인 엄지와 검지와 같다고 말합니다. 엄지와 검지가 마주 보기 때문에 물건을 집고, 젓가락질과 바느질을 할 수 있고, 글을 쓸 수 있듯이 혁신적 아이디어 역시 논리적 영역과 직관적 영역이 마주 볼 때 떠오르죠. 마주 보는 두 손가락이 인류의 발전을 가져왔듯, 서로 다른 생각을 가진 이질적 구성원이 팀 안에서 협업해야 디자인 씽킹이 가능합니다.

## 장기적 관점/큰 스케일의 지속 가능성

디자인 씽킹을 달리기로 비유하면 마라톤입니다. 며칠 밤 고민해서 다음 날 아침 해결책이 나오는 문제라면 굳이 디자인 씽킹이란 도구를 꺼낼 필요가 없습니다. 기존 문제 해결법으로 풀기 어려운 위키드 프라블럼이 있기 때문에 디자인 씽킹이 해결사로 나온 겁니다. 환경, 빈부 격차, 교육 등 국가와 기업이 바로 해결하기 어려운 이슈를 디자인 씽킹으로 접근한다면 필연적으로 '큰 스케일의 지속 가능한' 효과가 생깁니다.

### 빠른 실험 정신

디자인 씽킹의 핵심 중 하나는 '싸고 빠르게 실패해보기'입니다. 문제 해결을 위한 생각과 고민도 필요하지만, 문제를 마주한 첫날부터 뚝딱뚝딱 무언가 만들어보고자 하는 실험 정신 역시 디자인 씽킹에서 중요합니다.

### 이타심/공감

디자인 씽킹의 출발은 고객과의 공감입니다. 디자인 씽킹이 상대할 위키드 프라블럼이란 사회적으로 가장 어려움을 겪는 소외 계층에 대한 문제가 대부분이기 때문입니다. 즉, 고객과의 공감은 종종 이타심으로 확장됩니다.

### 양손잡이

로지컬 씽킹이 좌뇌적 사고니까 디자인 씽킹은 으레 우뇌적 사고라 생각하기 쉽습니다. 앞에서 말했듯 디자인 씽킹은 좌뇌와 우뇌를 균형감 있게 활용하는 사고입니다. '좌뇌와 우뇌 두 영역이 일으킬 갈등과 긴장을 최대한 창의적으로 해소하는 문제 해결 정신'이 디자인 씽킹을 요약하는 적절한 정의 중 하나입니다. 이 책의 제목도 여기서 따왔습니다.

제 힌트는 여기까지입니다. 이제 디자인 씽킹을 한마디로 정의해보세요. 여전히 어려운가요? 힌트를 하나도 아닌 일곱 가지나 이야기했으니 그걸 한마디로 정의하는 게 당연히 쉽지 않습니다. 일곱 가지 개념이 머릿속에서 혼란스레 섞인 데다 그 중 익숙하지 않거나 어려운 것도 있을 테니까요.

그런데 디자인 씽킹을 한마디로 정의해보란 말에 되물을 수도 있습니다.

"디자인 씽킹을 군이 한마디로 정의해야 하나요? 왜 그래야 하죠?"

뭔가를 한마디로 정의해보라는 요구는 간결 명료, '앤서 퍼스트answer first'로 대표되는 로지컬 씽킹의 전형적 접근법입니다. 즉, 로지컬 씽킹의 방식으로 디자인 씽킹을 정의하려는 것이죠. 디자인 씽킹을 한마디로 정의할지, 여러 마디로 정의할지는 사실 중요하지 않았던 겁니다.

'이것 아님 저것'처럼 답을 강요하는 마음으로는 디자인 씽킹을 이해할 수 없습니다. 디자인 씽킹이 뭔지는 그저 자신의 언어로 정의하면 됩니다. 그렇게 나온 정의를 남에게 설명하고 나만의 컨셉으로 가져가세요.

"디자인 씽킹은 실리콘밸리에서 시작된 문제 해결법으로, 기존 로지컬 씽킹과 달리 다소 느슨하고 엉뚱한 방법론으로 진행합니다. 고객과의 공감에서 시작해 고객이 평소 가장 불만을 가진, 즉 페인 포인트를 해결하기 위해 귀추법, HMW 등을 통해 새로운 아이디어를 내고 프로토타입을 만든 후 고객을 초대해 아이디어를 검증합니다. 즉, 고객 중심의 문제 해결법입니다."

"디자인 씽킹을 굳이
한마디로 정의해야 하나요?
왜 그래야 하죠?"

"교수님, 기말고사 문제가 전과 같은데요?"
"맞아요. 같은 문제입니다.
그런데 답이 같지 않을 수도 있죠."

아인슈타인이 대학에서 강의하던 때
학생과 나눈 대화입니다.

'잘된' 디자인 씽킹
사례는 말이죠…

한창 장마철인 7월 어느 날이었습니다. 한 공공기관 강연을 위해 지방으로 내려가는 길이었죠. 버스 안에서 의자를 살짝 뒤로 제치고 오늘 강연의 모습을 상상해봅니다. 오늘 청중은 초·중·고등학교 교장, 교감 선생님들입니다. 강연은 점심 직후인 오후 1시 시작입니다. 한창 덥고 습한 장마철 오후 1시, 거기에 장소는 전형적인 계단식 대강당입니다. 이런 상황에서 디자인 씽킹이 무엇인지를 설명해야 한다니 나도 모르게 마음이 편치 않았습니다.

식사를 마치고 나서 강당에 들어섰습니다. 마치 로마의 콜로세움처럼 강당을 빼곡히 채운 청중 앞에 홀로 섰습니다. 그나마 연단 책상에서 사인을 기다리는 제 책 백 권의 존재가 위안이 되더군요.

어찌저찌 강연을 시작했고, 활기찬 시작과 달리 시간이 지날수록 청중의 고개가 푹푹 꺼지기 시작합니다. 큰 공간에서 한 명이 졸기 시작하면 이내 걷잡을 수 없는 산불처럼 번져나갑니다. 어떤 강연의 달인이 와도 이 졸음의 불길을 막을 수 없습니다. 그것도 비가 오는 날 점심 직후라면 말이죠.

그 와중에 유난히 열심히 필기를 하면서 초롱초롱한 눈으로 강연을 듣는 한 분이 눈에 들어왔습니다. 디자인 씽킹이란 주제가 굉장히 흥미로운지 고개를 끄덕이며 저와 열심히 눈을 마주치는 정말 고마운 분이었습니다. 강연 중간 저는 잠시 목을 축이려 분위기 전환 겸 질문을 던졌습니다.

"지금까지 내용 중 질문이나 의견 있으신가요?"

물병에 입을 대기도 전에 바로 그분이 마이크를 들고 일어섭니다.

"디자인 씽킹의 가장 대표적 사례로는 무엇이 있나요?"

제발, 그 질문은 아니길 바랐는데 말이죠. 하지만 슬픈 예감은 틀리는 법이 없습니다. 사람은 보통 새로운 개념을 이해하려면 사례를 찾기 마련입니다. 사례를 듣고 나면 생소한 개념이 더 잘 이해되는 것도 사실이죠.

그런데 디자인 씽킹에서는 이야기가 달라집니다. '디자인'에 '씽킹'까지 붙으니 뭔가 아주 혁신적이고 고차원적인 방법 같은데 막상 디자인 씽킹 사례를 들어보면 별다를 게 없거든요.

'에이! 기존의 방법하고 뭐가 달라? 개념만 거창하네.'

디자인 씽킹 사례를 소개하면 대부분 이런 표정입니다. 그러면 눈이 번쩍 뜨일 만한 디자인 씽킹 사례는 정말 없을까요?

디자인 씽킹은 기존 다른 문제 해결법과 큰 차이 없이 '이름만 거창한' 개념일까요? 다음의 사례를 통해 디자인 씽킹이 기존 사례와 어떻게 다른지 생각해보죠.

아이를 키우는 부모라면 자녀를 병원에 데려가는 것이 얼마나 고역인지 알 겁니다. 의사가 청진기를 대기도 전에 울음을 터뜨리는 건 예사고, 주사라도 맞히려면 몇 분을 어르고 달래야 하죠. 주사 하나 맞히는 것도 이렇게 힘든데 MRI를 찍는 것은 어떨까요? MRI가 주는 그 차가운 금속의 느낌과 어두운 공간에 혼자 들어가는 경험은 아이가 감당하기엔 매우 낯설고 무섭습니다. 이 때문에 아이가 MRI를 찍는 경우 80% 이상이 진정제를 맞는다고 합니다.

그래서 많은 기업이 '아이를 위한 MRI'를 개발하기 위해 달려들었습니다. 먼저 제너럴일렉트릭GE의 개발 사례를 보죠. GE 디자인 씽킹 팀에서는 아마도 이런 대화가 오고갔을 겁니다.

"사실 공포와 모험은 종이 한 장 차이입니다. 놀이 기구를 생각해보세요. 위아래로 흔들리고 심지어 360도 회전하는데 재미있으니까 모험으로 느끼잖아요. 귀신의 집처럼요. 그야말로 어둡고 음침한 공간이지만, 놀이공원이란 공간에서 원초적

공포가 모험이라는 프레임 안에 있으면 얼마든지 재미있고 흥미로운 경험이 됩니다."

**GE의 어드벤처 MRI**

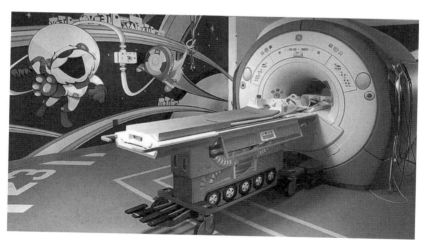

출처: gehealthcare.com

그래서 GE는 MRI에 들어가는 공포를 재미와 모험으로 느끼게 하기로 했습니다. MRI를 놀이 기구처럼 만든 거죠. MRI를 우주선이나 보물선처럼 디자인하고 알록달록하게 칠해 금속의 차가운 느낌을 최소화했습니다. 의사와 간호사도 우주인이나 보물선 선원의 모습으로 분장하고요.

경쟁사는 어떻게 했을까요? GE를 따라 했을까요? 필립스의 디자인 씽킹은 달랐습니다. 아이를 위한 MRI를 따로 만들지 않았죠. 대신 장난감 MRI를 만들었습니다. 왜 MRI가 무서운지 당사자 입장에서 바라본 결과입니다. 사실 아이가 MRI를 무서워하는 가장 큰 이유는 '생전 처음 본, 크고 차가운 기계에 혼자 들어가야 하기 때문'입니다. 그것도 그 장소가 병원이니 공포감이 더 크겠죠?

필립스는 아이가 느낄 낯섦과 공포감에 주목했습니다. 필립스가 만든 장난감 MRI인 '키튼 스캐너'는 실제 MRI실 옆, 파스텔 톤으로 꾸며진 놀이터에 있습니다. 스캐너 주변에는 아이가 좋아할 만한 동물 인형이 가득합니다. 여기서 아이는 동물 인형을 키튼 스캐너에 넣어보고 꺼내는 놀이를 하면서 MRI에 익숙해지고, 생각보다 무섭지 않다는 사실을 자연스레 받아들

**필립스의 키튼 스캐너**

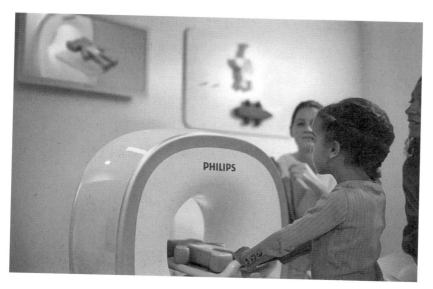

출처: www.philips.co.uk

입니다. 무엇보다 MRI 검사를 놀이로 경험하니 낯섦과 공포감이 줄어들겠죠. 이렇게 놀고 나니 실제 MRI 촬영이 한결 순조로워졌다고 합니다.

"디자인 씽킹의 가장 대표적 사례로는 무엇이 있나요?"

이 질문에는 몇 가지 문제점이 있습니다. 먼저 "그러면 로지컬 씽킹을 대표하는 사례를 말할 수 있나요?" 식의 '욱하는' 반론이 나올 수 있습니다. 무언가를 대표하는 사례 하나를 꼽는다는 것 자체가 디자인 씽킹의 철학과는 맞지 않습니다. 사례 하나로 모든 것을 이해하려는 것은 과학적이고 논리적인 영역에서 환영받는 접근법입니다.

불확실성을 '즐기며' 위키드 프라블럼을 풀어나가야 하는 디자인 씽킹에서는 다양한 사례가 상호 보완적으로 존재하는 복잡한 상황을 즐겨야 합니다. 그래야 생각이 닫히지 않고 창의성이 꿈틀댑니다. 아이에게 MRI가 불편하다는 문제를 각자 다른 방식으로 해결한 GE와 필립스의 사례를 모두 제시한 이유입니다.

"그럼 GE와 필립스 둘 중에 어떤 접근이 좋나요?"

이 질문엔 어떻게 답해야 할까요?

"글쎄요? 고르기 어렵네요."

이렇게 대답했다면 이 책을 아직 덮으면 안 됩니다. '최고의 하나'만을 찾는 사고방식에서 여전히 나오지 못했다는 신호입니다.

고객으로부터 출발하세요.
시각화하세요.
스토리로 다가가세요.
실행하고 반복하세요.

디자인 씽킹의 모델은 여럿이지만
원칙은 같습니다.

# 당신에게 맞는
# 디자인 씽킹 모델은?

다양한 상황에서 정답이 없는 문제를 풀어야 하니 디자인 씽킹은 수많은 모델로 진화했습니다. 디자인 씽킹 관련 방법론과 모델을 찾아보면 수십 가지가 나옵니다. 그중 가장 대표적인 여섯 가지 모델을 소개하겠습니다. 스탠퍼드 D스쿨 모델, 더블 다이아몬드 모델, 3I 모델, 네 가지 질문 모델, IBM 모델, SAP 모델입니다.

### 스탠퍼드 D스쿨 모델

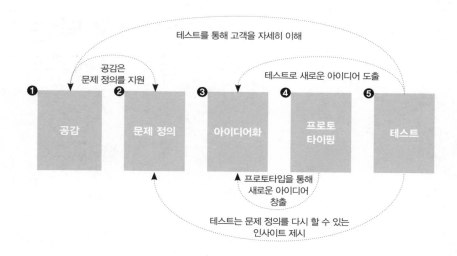

스탠퍼드 D스쿨 모델은 공감, 문제 정의, 아이디어화, 프로토타이핑, 테스트의 5단계로 구성됩니다. 이 모델의 특징은 필요에 따라 과정이 거꾸로 가거나 특정 단계를 반복하기도 한다는 것입니다. 앞에서 다룬 GE의 MRI, 뒤에 나올 '임브레이스 인펀트 워머'가 이 모델을 통해 만들어졌습니다.

### 더블 다이아몬드 모델

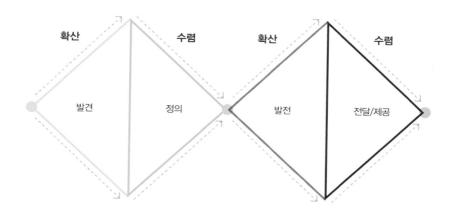

2005년 영국디자인위원회에서 개발한 모델입니다. 발견, 정의, 발전, 전달/제공의 4단계로 구성됩니다. 발견과 발전에서는 사고의 확산, 정의와 전달/제공에서는 사고의 수렴이 이뤄지는데 그 모습이 마치 다이아몬드 두 개를 붙인 모습과 비슷한 데서 이름이 유래됐습니다. 주로 서비스 디자인 분야에서 많이 쓰입니다.

### 3I 모델

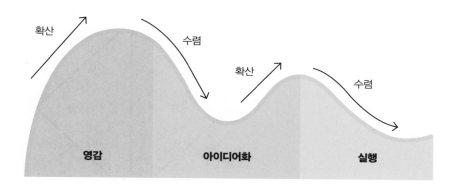

이 책에서 자주 다룰 아이디오에서 개발한 모델입니다. 영감, 아이디어화, 실행의 3단계로 구성됩니다.

## 네 가지 질문 모델

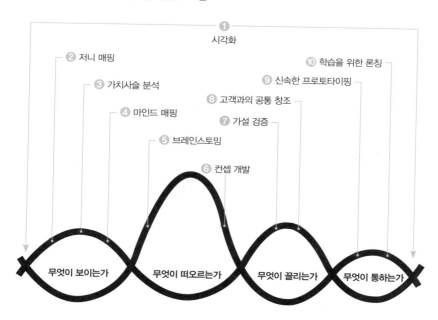

- ① 시각화
- ② 저니 매핑
- ③ 가치사슬 분석
- ④ 마인드 매핑
- ⑤ 브레인스토밍
- ⑥ 컨셉 개발
- ⑦ 가설 검증
- ⑧ 고객과의 공통 창조
- ⑨ 신속한 프로토타이핑
- ⑩ 학습을 위한 론칭

무엇이 보이는가 　 무엇이 떠오르는가 　 무엇이 끌리는가 　 무엇이 통하는가

버지니아대 다든 MBA 교수이자 BCG(보스턴컨설팅그룹) 컨설턴트였던 진 리드카가 만든 모델로, 네 가지 질문(무엇이 보이는가? 무엇이 떠오르는가? 무엇이 끌리는가? 무엇이 통하는가?)과 이를 구현하기 위한 10가지 도구(시각화, 저니 매핑, 가치사슬 분석, 마인드 매

핑, 브레인스토밍, 컨셉 개발, 가설 검증, 고객과의 공통 창조, 신속한 프로토 타이핑, 학습을 위한 론칭)로 구성됩니다.

### IBM 모델

관찰　회고　통합

IBM 모델은 관찰, 회고, 통합의 연속적 활동에 초점을 맞춥니다. 그로 인해 무한대 기호와 같은 모양이 특징입니다. 고객 최종 결과물에 집중, 다양한 구성원의 팀, 끊임없는 재창조를 강조합니다.

## SAP 모델

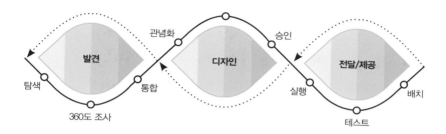

발견 · 탐색 · 360도 조사 · 통합 · 관념화 · 디자인 · 승인 · 실행 · 테스트 · 전달/제공 · 배치

독일의 기업용 소프트웨어 솔루션 회사인 SAP에서 개발한 모델입니다. 발견, 디자인, 전달/제공으로 구성됩니다.

이토록 디자인 씽킹 프로세스는 여러 형태로 존재합니다. 형태는 달라도 공통점이 보입니다.

먼저, 고객으로부터 출발합니다. 고객과 진정으로 공감하고, 고객의 삶 속 숨은 니즈를 발견하며, 고객으로부터 영감을 얻고자 노력하는 것에서 시작합니다. 이를 통해 문제의 다양한 패턴을 이해하고 인사이트를 찾습니다. 그러다 문제가 생기면? 언제든 고객과의 공감으로 돌아가 처음부터 다시 시작해야 합니다. 기억하세요. 디자인 씽킹의 실마리는 언제나 고객 곁에 있습니다.

둘째, 시각화를 강조합니다. 백 마디 말보다 그림 하나가 더 효과적이죠. 아이디오는 프로젝트 첫날 미팅에 고객 여정, 페르소나, 프로세스, 다이어그램 등 각종 이미지를 동원합니다. 굳이 글로 써야 한다면 키워드 몇 가지가 전부입니다. 시각화하면 문제를 보다 확실히 이해할 수 있습니다. 그리고 빠르게 프로토타입을 만들 수 있다는 것도 장점입니다.

셋째, 스토리텔링을 중시합니다. 아무리 훌륭한 아이디어라도 제대로 된 스토리로 전달되지 않는다면 결국 죽은 아이디어에 불과합니다. 모든 아이디어는 시각화돼야 하며 스토리로 다가가야 합니다.

넷째, 실행과 반복된 연습을 강조합니다. 이론적 지식을 접했다고 끝나지 않는, 실행 중심의 문제 해결법이 바로 디자인 씽킹입니다. 무언가를 실행하고, 그 결과에서 무언가를 배워 이를 다시 이전 단계로 보내 더욱 완벽한 결과물을 만드는 프로세스입니다. 중요한 점은 이러한 실행과 연습이 그룹 단위로 이뤄진다는 점입니다. 디자인 씽킹이야말로 집단 지성, 집단 창의의 영역이 가장 뚜렷하게 발현되는 영역입니다.

예를 하나 들겠습니다. 스탠퍼드 D스쿨 강의 중에 '월렛 프로젝트wallet project'가 있습니다. 월렛 챌린지wallet challenge라고도 하지요. 프로젝트 내용은 간단합니다. 그간 지갑을 쓰면서 불편했던 점을 발견해 새로운 지갑을 디자인하는 것입니다. 참고로 그 많은 제품 중 지갑을 디자인하는 이유가 있습니다. 거의 모든 사람이 하나씩은 들고 다니는 필수품이고, 지갑 안에 물건에서 그 사람의 취향과 습관을 관찰하기 좋기 때문이라고 합니다.

한 시간 남짓 걸리는 이 프로젝트는 서로 공감 어린 질문과 이해를 통해 상대가 원하는 지갑이 무엇인지를 알아내고, 그렇게 디자인 목표와 아이디어를 꺼내 프로토타입을 만든 후 또다시 의견을 교환해 최종 제품을 완성하는 방식입니다.

이를 통해 첫 번째 아이디어는 버리라는 점, 아무리 깊게 고민해도 혼자서는 혁신적 아이디어를 내기 힘들다는 점, 언제나 고객과 마주해 문제를 발굴하고 아이디어를 내야 한다는 점을 알 수 있습니다.

## Design the IDEAL wallet.

**Draw** 3min

Sketch your idea here!

d.⦾⦾⦾⦾⦾

먼저 3분간 자신이 생각하는 이상적인 지갑에 대한 아이디 어를 스케치합니다. 그림 실력이 없어도 걱정 마세요. 이 프로 젝트에서는 그림 실력이 필요 없습니다. 구현하고자 하는 아이 디어만 명확히 표현할 수 있으면 됩니다.

## Your NEW mission: Design something useful and meaningful for your partner. Start by gaining <u>empathy</u>.

### 1 Interview
8min (2 sessions x 4 minutes each)

```
Notes from your first interview




```
d. ◉◉◉◉◉                              Switch roles & repeat Interview

### 2 Dig Deeper
6min (2 sessions x 3 minutes each)

```
Notes from your second interview




```
Switch roles & repeat Interview

이제 두 명이 디자이너와 고객 역할을 맡습니다. 디자이너는 지갑에 대해 고객과 4분간 인터뷰하면서 중요 사항을 기록합니다. 그리고 서로 역할을 바꿔 인터뷰합니다. 상대방으로부터 예상치 못한 것을 발견하는 게 목적입니다.

## Reframe the problem.

**3 Capture findings** 3min

> **Goals and Wishes:**
> What is your partner trying to achieve?
> *use verbs
>
>
> **Insights:** New learnings about your partner's feelings and motivations. What's something you see about your partner's experience that maybe s/he doesn't see?*
> *make inferences from what you heard

d. ⓞⓞⓞⓞⓞ

**4 Take a stand with a point-of-view** 3min

> 8 _____
> partner's name/description
>
> **needs a way to** _____
> user's need
>
> **because** (or "but . . ." or "Surprisingly . . .")
> [circle one]
>
> _____
>
> _____
> insight

다음은 인터뷰한 상대에 대해 3분간 생각을 정리하는 시간을 가집니다. 인터뷰를 통해 알아낸 상대의 니즈 위주로 정리합니다. 물론 지갑 및 생활과 관련된 내용이어야 하겠죠. 이를 통해 지갑을 어떻게 디자인할지 자신의 관점을 분명히 할 수 있습니다. 상대방의 가장 강력한 요구 사항에 충실할 수도 있고, 인터뷰에서 얻은 인사이트를 발전시킬 수도 있습니다.

## Ideate: generate alternatives to test.

### 5 Sketch at least 5 radical ways to meet your user's needs. 5min

8

write your problem statement above

### 6 Share your solutions & capture feedback. 10min (2 sessions x 5 minutes each)

Notes

d. ●●●●●

Switch roles & repeat sharing.

이제 상대방과의 인터뷰에서 나온 기존 지갑의 문제를 적으세요. 그리고 다섯 개 칸에 아이디어 스케치를 합니다. 글로 적지 말고 스케치하세요. 스케치가 끝나면 상대방과 내용을 공유합니다. 이를 통해 파트너의 취향을 점검하고 추가 아이디어를 얻으세요. 자신의 아이디어를 방어하면 안 됩니다.

## Iterate based on feedback.

### 7 Reflect & generate a new solution. 3min

Sketch your big idea, note details if necessary!

d.©©©©©

앞 단계에서 상대방에게 얻은 아이디어를 가지고 아이디어
를 새로 스케치합니다. 아이디어를 보강해 스케치할 수도 있지
만, 새로운 아이디어를 스케치해야 할 수도 있습니다. 이 점을
잊지 마세요.

## Build and test.

### 8 Build your solution.

Make something your partner can interact with!

[not here]

7min

d. 

### 9 Share your solution and get feedback.

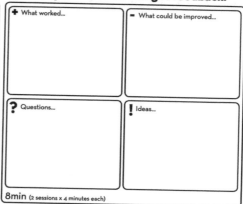

**+** What worked...

**−** What could be improved...

**?** Questions...

**!** Ideas...

8min (2 sessions x 4 minutes each)

이제 지갑의 프로토타입을 만들 차례입니다. 여기서 프로토타입은 단순히 아이디어를 설명하고 검증하는 정도로는 안 됩니다. 상대방이 반응할 수 있는 아이디어가 실현돼야 합니다. 서로의 상호작용에서 생기는 피드백과 인사이트를 반영하는 일종의 혁신 과정이죠. 프로토타입이 완성되면 모두가 모여 프로토타입을 보고 그간의 과정에 대해 의견을 나눕니다.

"과거를 바꾸면
현재와 미래도 바뀐다."

드라마 〈시그널〉에 나온 명대사입니다.
디자인 씽킹을 통해
시간의 비틀림과 뒤집힘에서 나오는
재미를 느껴보세요.

순서는
바꾸라고 있는 겁니다

한 국내 대기업과 두 달간 디자인 씽킹 프로젝트를 했었습니다. 프로젝트 결과물이 경영진에 올라가야 하니 그 어떤 특강, 워크숍보다 구성원이 더 열심히 참여했습니다.

프로젝트가 약 70% 진행됐을 때였습니다. 스탠퍼드 D스쿨 모델로 진행됐으니 3단계인 '아이디어화' 막바지였습니다. 그런데 회의에 나온 아이디어들이 그저 그런 수준이었습니다. 이렇다 할 영감을 주지 못했습니다. 아이디어 질의 문제도 있었지만 진짜 문제는 양이었습니다. 다들 아이디어를 다섯 개 안팎으로만 내고는 손을 놓은 분위기였습니다. 그냥 최종 아이디어를 이미 마음속에 찍어두고 3단계까지 꾸역꾸역 했던 건지도 모르죠.

이럴 경우 여러분은 어떻게 하겠습니까? 시간을 더 써서 3단계에서 나온 아이디어의 완성도를 높이는 데 집중할까요? 나중 단계와 일정을 고려해 적당히 타협할까요? 정말 아니다 싶으면 직전 2단계를 빠르게 보강하고 3단계로 돌아올 수 있겠죠. 그런데 저의 제안은 이랬습니다.

"지금 당장 밖으로 나가세요. 쇼핑몰, 식당, 본사의 옆 부서가 됐든 우리 페르소나에 맞는 사람들을 찾아서 만나세요. 그리고 네 시간 뒤에 다시 이야기하죠."

그렇게 3단계 끝자락에 있는 구성원을 1단계로 다시 데려 왔습니다. 누군가 총대를 메고, 온갖 불평을 감수하며 밀어붙이지 않았으면 일어나지 않았을 시간 되돌리기가 시작됐습니다. 그렇게 네 시간 뒤, 다시 모인 구성원의 의견을 들어보니 재미있는 의견이 쏟아집니다.

"3단계라니까 우리도 모르게 정리하자는 분위기였잖아요? 그런데 다시 고객과 마주하니까 고객에 대해 전과는 사뭇 다른 내용이 보였어요. 문제 정의를 바꿔야 할 것 같아요."

"그저 다음 단계인 프로토타이핑 때문에 기술적으로 구현 가능한 아이디어를 끼워 맞췄던 것 같아요. 그런데 고객과 다시 만나보니 지금 아이디어는 전혀 불필요해보여요."

"고객이 비슷한 서비스를 어떻게 쓰는지 가만히 봤어요. 그랬더니 우리가 더 나은 아이디어를 낼 수 있을 것 같습니다. 다만 아이디어가 많아서 이걸 어떻게 정리할지 고민이네요."

네 시간이 결코 헛되게 느껴지지 않을 만큼 모두가 갚진 경험과 지혜를 들고 돌아왔습니다. 작업 진도도 빨라지고 구성원의 움직임도 경쾌해졌습니다. 처음의 우려와 달리 4~5단계까

디자인 씽킹 단계는

**1-2-3-4-5**일 때도 있지만

# 1-2-2-2-2-4-5,
# 1-1-1-3-5

일 때도 있습니다.

지 계획대로 끝났고 발표도 무사히 마칠 수 있었습니다.

디자인 씽킹에서는 일부러라도 비선형적 접근을 활용해야 합니다. 공감, 문제 정의, 아이디어화로 진행하다가 '아니다' 싶으면 바로 유턴하거나 후진하는 기행을 즐겨야 합니다. 아니면 다음 단계를 건너뛰고, 같은 단계를 주구장창 반복할 줄도 알아야 합니다.

'서론, 본론, 결론', '기승전결', '발단, 전개, 위기, 절정, 결말'의 공식은 이제 그만 생각해도 됩니다. 이런 구조에서 아이디어는 나올 만큼 나왔습니다. 이미 레드오션입니다. 일과 시간의 흐름을 일부러라도 비틀거나 뒤집어보세요. 기존에 발견하지 못한 혁신의 실마리가 보입니다.

아무리 빠르게 가봤자
방향이 잘못되면 소용없습니다.

프로젝트가 한두 달 늦어지면
어떤가요?
고객을 향하면 됩니다.

당신은 속도인가요?
방향인가요?

2019년 겨울, 우리나라 모 금융그룹 프로젝트 때 이야기입니다. 과제는 디지털 결제 솔루션 개발이었는데, 기존 개발 방식에서 벗어나 디자인 씽킹을 적용하기로 했습니다. 그런데 대뜸 디자인 씽킹을 하자고 말하면 경영진은 물론 태스크포스팀에서 어리둥절할 것이 뻔했기 때문에 디자인 씽킹을 하되 이름은 내세우지 않는 '스텔스 모드'로 진행했습니다.

프로젝트가 4주 넘게 진행되고 경영진에 중간보고를 했는데 매우 성공적이었습니다. 생각지 못했던 고객 인사이트가 많이 나왔고, 이를 구체적으로 상품화하려는 노력이 보인다는 평가였습니다. 중간보고 이후 프로젝트는 거침없이 달렸습니다. 수많은 아이디어가 나왔고 그중 가장 좋은 아이디어를 프로토타입으로 만드는 과정이 빠르게 진행됐습니다.

그런데 문제가 생겼습니다. 아이디어의 대표적 기능인 A를 도저히 구현하기 어렵다는 개발팀 의견이 나온 겁니다. 최종보고까지 남은 시간은 2주. 다른 기능을 프로토타입으로 구현하기에는 무리였습니다. 중간보고 이후 오랜만에 모든 인원이 대회의실에 모였습니다. 물론 분위기는 중간보고 때와 완전히 달랐죠.

먼저 개발팀장이 침묵의 벽을 깹니다.

"지금 우리 기술로 A는 구현이 어렵습니다. A 말고 B, C를 적용하는 방안을 검토해야 할 것 같습니다. 그러면 2주 뒤 최종보고는 맞출 수 있어요."

상품개발팀장도 동조합니다.

"사실 A를 반드시 구현해야 한다는 의무는 없잖아요. 경영진 역시 우리가 제시하는 솔루션의 방향성에 동의한 것이지 A의 탁월함에 꽂힌 건 아니거든요. 제 생각엔 개발 기간도 짧고 비용도 저렴한 B를 했으면 합니다."

대부분이 고개를 끄덕이며 동의의 표시를 주고받습니다. 이때 회의실 끝에 앉은 마케팅전략팀장이 조용히 말문을 엽니다.

"저는 사실 A를 적용하든 B를 적용하든 전혀 관심이 없어요. 그건 중요하지 않기 때문이죠."

뭔가 다른 의견입니다.

"다만 우리가 놓치지 말아야 할 것은, B나 C로 바꿨을 때 결과물이 우리가 최초 계획했던 프로토타입의 원래 목적을 잘 달성하는지 여부입니다. 개발 기간이나 비용은 우선적으로 고려할 대상이 아닙니다. 우리가 원래 의도했던 아이디어가 제대로 구현되는지가 중요하죠. 그런데 B가 과연 우리의 원래 의도를 온전히 담는 게 맞나요?"

잠시 침묵이 흐릅니다. 마케팅전략팀장이 다시 말을 이어갑니다.

"우리는 기존 결제 시스템에 지친 고객 때문에 몇날 며칠을 고민해서 오늘까지 왔잖아요. 다시 한 번 묻겠습니다. B를 적용한 솔루션이 우리 고객이 진정으로 원하는 것인가요?"

마케팅전략팀장의 '딴지'는 묵직한 울림을 가져왔고, 고객과 공감하던 단계의 기억을 다시 새록새록 떠올리게 했습니다. 결국 회의는 원점으로 돌아가 두 시간 이상의 난상 토론으로 이어졌습니다.

결론은 어떻게 됐을까요? 당시 독일에서 새롭게 도입한 D를 도입해보기로 했습니다. 다만 타당성 검토에 시간이 걸려 최종보고는 한 달 정도 늦어졌습니다. 그럼에도 최종보고는 대성공을 거뒀고 경영진의 전폭적 지지를 얻어냈습니다. 최종보고는 늦었지만 실제 개발 기간을 대폭 줄여서 정식 서비스 출시일을 계획대로 맞출 수 있었습니다.

사실 이런 사례는 디자인 씽킹에서 굉장히 흔합니다. 3~5

"의무는 없잖아요."
"개발 기간도 짧고 비용도 저렴한…"




"원래 의도를 온전히 담나요?"
"우리 고객이 진정으로 원하는 것인가요?"

단계에 접어들면, 이 정도면 됐으니 현실과 타협하자는 유혹은 더욱 강력하고 끈질기죠. 기술적 한계, 제도적 한계, 비용 및 일정 이슈 등 현실적 이유로 차악을 선택하는 경우가 비일비재합니다. 그런데 디자인 씽킹을 하려는 목적이 뭔가요? 차악 말고 최선을 선택하려고 하는 것 아닐까요?

독일의 문호 괴테는 "삶은 속도가 아니라 방향"이라고 말했습니다. 늘 하던 대로 '해치워버릴' 문제였다면 왜 굳이 오랜 시간과 비용이 드는 디자인 씽킹을 하기로 했는지 생각해야 합니다. 기존의 효율 위주 해결법으로 답이 나오지 않는, 더 혁신적이고 창의적인 아이디어를 가져오기 위해 '고단한 시간'을 보내는 거죠.

그렇다면 제대로 해야 합니다. 프로젝트에 디자인 씽킹을 적용한다면, 먼저 핵심성과지표KPI를 일정 준수가 아닌 창의적 솔루션 찾기에 맞추고, 목표만 보고 뛰어야 합니다. 뛰는 중간중간 한눈을 팔게 하거나 지름길로 유혹하는 자칭 '현실주의자'의 목소리는 의도적으로 무시해야 합니다. 모든 문제와 답은 고객에서 나오고, 고객의 위키드 프라블럼을 해결하기 위해서 디자인 씽킹을 한다는 점을 잊지 마세요.

72

그렇게 의사결정과 신경이 고객을 향한다면, 주변에서 모두 반대하고 내 생각을 흔들더라도 꿋꿋이 이겨낼 수 있는 자신 감이 생깁니다. 하지만 고객의 목소리를 잊고 현실과 타협하는 순간 그간의 노력과 시간은 한순간 사라져버릴지도 모릅니다. 확신만 있다면, 조금 늦더라도 올바른 길로 가는 게 바람직합 니다. '그깟' 한두 달 늦어지면 어떤가요?

**"Nothing is a mistake.**

**There's no win and no fail.**

**There's only make."**

디자인 씽킹의 개념을 전 세계적으로 퍼뜨린
스탠퍼드 D스쿨 로비에 적힌 문구입니다.
디자인 씽킹을 한다면,
막말로 '쪽팔림'을 두려워하지 말아야 합니다.

실패는
빠를수록 좋습니다

가업으로 대장간을 꾸려가는 삼대 이야기를 텔레비전에서 본 적이 있습니다. 아버지는 칼 가는 기술 하나를 위해 전국을 돌아다니며 최고의 대장장이들을 찾아가 배웠고 자신만의 기술을 완성했습니다. 그리고 아들에게 가업을 물려주기 위해 10년간 특별 훈련을 시켰다네요. 아들은 그 훈련이 어땠는지 이렇게 말합니다.

　"칼을 갈기 위해선 수많은 동작이 필요하죠. 먼저, 칼을 앞으로 쓱 밀어내는 동작만 1년을 반복했습니다. 그것도 먼저 목각으로 연습해서 동작이 완전히 몸에 밴 후에 실제 칼을 집었습니다. 이런 식으로 칼 가는 데 필요한 10가지 이상의 동작을 각각 반복했습니다. 그렇게 10년이라는 긴 시간이 흘렀네요. 이젠 아버지 가르침 없이도, 어둠 속에서 눈 감고도 정교하게 칼을 갈 수 있는 경지에 이르렀습니다."

　스승 밑에서 기술을 수련하는 도제 교육의 모습입니다. 그런데 도제 교육이 비단 대장장이나 무협 영화에서만 나오는 건 아닙니다. 아직까지 미술, 음악, 체육 등의 예체능에서도 도제 교육을 흔히 볼 수 있습니다. 의사도 예과, 본과, 인턴, 레지던트 등 수년의 교육과 훈련을 거쳐야 혼자서 환자와 마주할 수 있죠. 대학교 졸업 후 로스쿨을 거치고 인턴을 거쳐야만 하는 변호사 역시 마찬가집니다. 링컨은 이런 말을 남기기까지 했죠.

"만일 나무를 베기 위해 한 시간이 주어진다면, 나는 도끼를 가는 데 45분을 쓰겠다."

물론 맞는 말입니다. 그런데 제가 이런 이야기를 꺼냈다는 것에서 눈치챘나요? 위키드 프라블럼, 즉 마구 뒤엉킨 털실 뭉치 같은 미스터리를 수련하듯이 푼다면 오히려 정답과 멀어지는 상황이 생길 수 있습니다.

창의성 및 팀워크를 시험하는 마시멜로 챌린지라는 게임이 있습니다. 저도 컨설팅사 오리엔테이션, MBA 강의 등에서 해 봤던 게임입니다. 마시멜로 챌린지의 규칙입니다.

- 팀 정원은 네다섯 명.
- 팀당 재료는 스파게티 건면 20가닥, 90cm 길이 테이프와 실, 마시멜로 하나.
- 18분 내에 재료로 가장 높은 탑을 만든 팀이 우승.
- 벽이나 천장에 탑을 지탱하거나, 마시멜로를 쪼개면 안 됨.

**마시멜로 챌린지 완성작의 예**

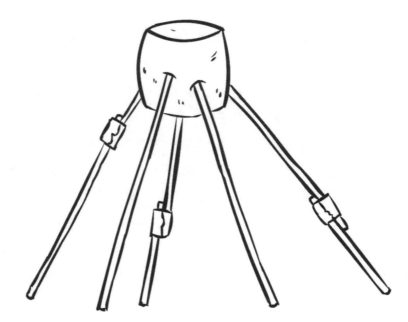

출처: www.playmeo.com

규칙이 간단하죠? 하지만 막상 해보면 결코 쉽지 않습니다. 대부분 처음에는 게임을 이해하기 위해 난상 토론을 벌입니다. 그렇게 규칙을 이해하면 계획을 짜고 결과물을 스케치하는 데 대부분의 시간을 보냅니다. 제한 시간이 거의 다 돼서야 부랴부랴 탑을 쌓습니다. 이제 꼭대기에 마시멜로만 올리면 됩니다. 올리기 직전까진 누구보다 높이 완성된 탑을 상상하지만, 대부분의 현실에서는 탄성과 좌절만 남을 뿐입니다.

그간 건축학도 팀, MBA 학생 팀, 경영자 팀 등 여러 직업 팀이 탑 쌓기에 도전했는데 가장 높은 탑을 쌓은 팀은 어디였을까요? 계획과 운영을 전문적으로 배운 MBA 학생 팀일까요? 실제로 이 팀은 가장 나쁜 결과를 기록했습니다. 가장 높은 탑을 쌓은 그룹은 유치원생 팀이었습니다. 가장 높은 탑을 쌓은 건물론이고 때로는 상상 밖의 디자인으로 탑을 올리기도 했습니다. 그러면 사람들은 호기심에 차서 질문을 던집니다.

"도대체 무엇이 이러한 차이점을 가져오는 것이죠?"

그간 우리는 나이를 먹고 사회생활을 하면서 정답을 추구해야 한다고 알게 모르게 훈련받아왔습니다. 그러니 하나의 정답을 위한 계획을 짜는 데 많은 시간을 쓰고 그 정답을 위해 모든 노력을 쏟습니다. 그렇게 우리의 생각은 정답이란 틀에 갇힙니다.

반면, 아직 정답이란 틀에 갇히지 않은 유치원생 팀의 생각과 행동은 마시멜로처럼 말랑말랑합니다. 게임이 시작되면 유치원생 팀은 뭔가 정답을 정하지 않습니다. 마시멜로를 위에 두고 아래로 탑을 세워 나가기도 합니다. 세우다 무너지면 다시 세우고, 또 무너지면 다른 모양으로 세우기를 되풀이합니다. 본능적으로 프로토타입 만들기부터 시작합니다. 그것도 아주 빠르고 반복적으로요. 이러한 유치원생 팀의 행동을 어른의 언어로는 '액션-드리븐action-driven 접근 방식'이라 합니다.

실천엔 실패가 없어야 한다는 생각을 버리세요. 한 번에 나무를 잘 베기 위해 오랜 시간 도끼를 갈 게 아니라, 일단 도끼로 풀이나 가느다란 나뭇가지를 베어봅시다. 도끼 날이 무디다 싶으면 그때 갈고, 자세가 아니다 싶으면 바꿔보고, 다 아니면 도끼를 바꾸는 식으로 도전과 보완을 반복한 후에 실제 나무를 베는 게 바로 디자인 씽킹의 자세입니다.

도끼를 한참 날카롭게 갈고 닦아 실제 나무를 베었는데 넘어가지 않을 때가 있습니다. 알고 보니 자세가 잘못이었습니다.

그간 도끼를 갈고 닦았던 시간에 새로운 자세를 찾는 시간까지 모두 손해로 돌아옵니다. 이렇듯 한참 시간이 지난 후 겪는 실패는 돌이키기 매우 어렵습니다.

실패는 싸고 빨라야 좋습니다. 어차피 실패할 것라면 빠를수록 시간도 절약하고 다른 방법을 찾기도 쉬우니까요.

"디자인 씽킹은
디자이너의 전유물로 남겨두기에는
너무나도 소중하고 중요한
지적 도구가 돼버렸다."

아이디오 CEO 팀 브라운과
캘리포니아예술대 교수
배리 카츠가 한 말입니다.

팀에
디자이너가 없다고요?

2019년 10월, 저는 우리나라 한 경영대학원에서 야심차게 시작한 MBA 과정에 초빙교수로 참여했습니다. 이 과정은 원래 토요일마다 진행되는 일정이었지만 제가 맡은 디자인 씽킹 워크숍은 2박 3일간 제주도로 여행을 떠나도록 짰습니다.

"혹시 여기 디자인 전공한 분 계세요?"

제가 디자인 씽킹 관련 특강, 워크숍, 컨설팅 프로젝트를 할 때 아이스브레이킹으로 자주 던지는 질문입니다. 20명 남짓 모인 강의장에 침묵이 흐릅니다. 잠시 후 디자인 전공자가 아무도 없다는 사실에 모두가 안도의 탄식과 기쁨의 환호를 터뜨립니다. 그 많은 디자인 전공자, 디자이너는 디자인 씽킹 수업 땐 도대체 어디 있는지 궁금합니다.

아무튼 디자인 씽킹 관련 이론과 사례를 몇 시간 강의하고 나서 프로젝트를 위한 팀 짜기에 들어갑니다. 교무팀에서 미리 팀을 짰기에 바로 다음 순서로 넘어가려던 참이었습니다. 그때 한 학생이 질문을 던집니다.

"디자이너 없이 디자인 씽킹 프로젝트를 하는 데 문제없을까요?"

모두들 동의한다는 듯 고개를 끄덕입니다. 아마도 이런 생각을 했겠죠.

'난 디자인 씽킹을 몰라서 배우러 왔는데, 디자이너 없이, 그것도 팀 프로젝트를 하라고?'

그럴 때마다 제가 보여주는 영상이 있습니다. 아이디오라는 회사가 새로운 쇼핑 카트를 닷새 안에 개발하는 영상입니다. 유튜브에서도 볼 수 있습니다.

아이디오는 디자인 컨설팅 회사로, 보잉 출신 엔지니어 데이비드 켈리가 1978년 미국 캘리포니아에서 세운 데이비드켈리디자인에서 시작했습니다. 〈비즈니스위크〉가 2009년 BCG에 의뢰해 발표한 '세계에서 가장 혁신적인 기업 25'에 아이디오는 디자인 회사 중 유일하게 이름을 올렸습니다. 더 놀라운 것은 나머지 24곳이 모두 아이디오의 클라이언트였다는 사실입니다. 디자인 컨설팅 회사라 그저 클라이언트의 제품 및 서비스를 보기 좋고 편하게 디자인하겠거니 싶지만, 아이디오는 제품 및 서비스에 그치지 않고 조직 구성 및 의사결정 구조까지 디자인합니다.

〈패스트컴퍼니〉는 아이디오를 '세계 최고의 디자인 회사'라고 평가했으며, 〈월스트리트저널〉은 '상상의 놀이터'라고 찬사를 보냈습니다. 〈포춘〉은 아이디오 취재 기사 제목을 "혁신 대학에서의 하루"로 뽑았습니다.

아이디오의 쇼핑 카트 개발 영상은 무려 30년 전 미국 ABC 방송사 보도 프로그램 〈나이트라인〉에서 방영됐습니다. 한 마트가 아이디오에 프로젝트를 의뢰하며 영상이 시작됩니다.

"지금 우리 마트에서 쓰는 쇼핑 카트의 문제점을 개선한 새로운 카트를 닷새 안에 만들어주세요."

아이디오는 바로 여섯 명 남짓의 팀을 꾸립니다. 스탠퍼드대 출신 엔지니어, 하버드 MBA 출신, 언어학자, 의학전문대학원 휴학 중인 생물학 전공자, 마케터 등이었습니다. 닷새 안에 새로운 카트 개발을 성공시키는 데 디자인 전공자는 없었습니다.

다시 워크숍 이야기로 돌아옵니다. 총 네 팀이 워크숍을 포함해 2주일간 강의를 듣고 팀 프로젝트를 했습니다. 성적을 매긴 결과 두 팀이 공동 1등을 했습니다. 그 두 팀은 어떻게 구성됐을까요?

한 팀은 벤처 기업가, IT 개발자, 마케터, 기획자로 구성됐고, 다른 팀은 뱅커, 상품 기획자, 대를 이어 운영 중인 곰탕 집

## 아이디오가 닷새 안에 개발한 쇼핑 카트

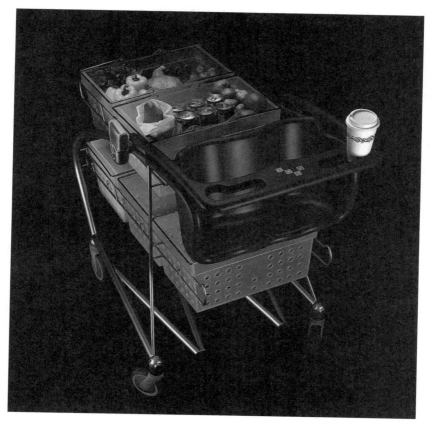

출처: www.ideo.com

사장, 극장을 운영하는 예술가로 구성됐습니다. 직업과 분야의 다양성은 물론 성별, 나이까지 다양성이 갖춰졌습니다.

강의가 끝나고 모든 학생이 1분씩 소감을 발표하는 시간을 가집니다. 그중 상품 기획자의 소감이 가장 기억에 남습니다.

"사실, 전 대학에서 시각디자인을 전공했습니다."

그럴 줄 알았다는 듯 놀라움의 탄성이 터집니다. 속았다는 듯 허탈해하는 표정도 보입니다.

"그런데, 전 졸업 후 디자인과는 무관한 일을 해왔습니다. 영업자, 마케터, 상품 기획자로 일했으니까요. 디자인 씽킹 강의에서 제 전공이 어떻게 작용할진 잘 몰랐습니다. 팀원들이 제게 기대나 환상을 가질까 봐 겁도 났습니다. 그래서 강의 첫날 손을 들지 못했습니다. 아니, 들지 않았어요. 그런데 잘한 거 같아요. 디자인 전공을 했다고 디자인 씽킹을 잘하는 게 아니란 점을 깨달았거든요. 제가 첫날 손을 들었다면, 지금보다 결과가 좋게 나오지 않았을지도 모릅니다."

그러고 보니, 그 팀의 결과물이 시각적으로 보기 좋았던 건 사실이었습니다. 하지만 그것도 소감을 듣고 나니 보인 것이죠. 프레임의 무서움을 다시 한 번 느낀 사례입니다.

디자인 씽킹의 목적은 자유롭게 아이디어를 제시하고 새로운 결과물을 만드는 것입니다. 이를 위해서는 다양한 경험과 지식을 갖춘 이들이 팀을 이뤄야 합니다. 여기에 디자이너의 훈련과 실행법을 적용할 뿐이죠.

그런데 만약 팀에 디자이너가 있다면 어떨까요? 디자이너가 아닌 이들은 은연중에 디자이너의 생각과 행동에 의지하면서 자신의 의견을 내는 데 주저할 겁니다. 그러나 유연한 사고는 디자이너만의 영역이 아닙니다.

디자인 씽킹을 시작하면
팀장님 이상은 제발 신경을 끄세요.
프로토타입이 나올 때까지는요.

혁신적 아이디어는
윗사람이 무관심해야 가능합니다.

# 팀장님은 빠지세요…
## 제발

한 국책 연구원으로부터 특강 의뢰가 들어왔습니다. 더위가 한창이었던 7월 초, 한 시간 남짓 달려 도착한 연구원의 인상은 위압적이었습니다. 넓은 땅에 자리 잡은 웅장한 현대식 건물, 빈 곳을 찾는 데만 10분이 걸렸던 지상 주차장, 까다로운 출입 절차가 처음 오는 사람을 주눅 들게 하기 충분했습니다. 예상보다 입장에 시간이 걸려, 약속 시간에 겨우 맞춰 중회의실에 도착할 수 있었습니다.

그렇게 들어온 중회의실에는 '정책 플랫폼 혁신'을 담당한다는 팀원 열 명 남짓이 앉아 있었습니다. 간단한 자기소개 후 특강에 들어갔습니다. 몇 분 지나지 않아 팀원들의 눈빛을 살피니, 디자인 씽킹에 대해서는 준전문가 수준으로는 아는 것 같았습니다. 재빨리 특강 모드에서 담소 모드로 바꿉니다.

이야기를 들어보니 이 연구원은 정부 관련 연구를 하던 중 얼마 전부터는 '정책 랩'이라는 특명을 받아 진행 중이었습니다. 정책 랩의 컨셉을 들어보니 정책의 최종 고객인 국민의 페인 포인트를 바탕으로 새로운 정책을 입안하는 것이었습니다. 그 과정에 국민을 참여시켜서 아이디어를 내고 실행하는 등 컨셉이 디자인 씽킹과 거의 같았습니다. 한마디로 정부 기관이 진행하는 디자인 씽킹 프로젝트였죠.

디자인 씽킹에 대한 개념 정의와 주요 사례를 중심으로 강의를 30분 정도 진행하는데 한 연구원이 조심스레 입을 열었습니다.

"저희가 2년간 프로젝트를 했는데요. 오늘에야 느끼지만 정책 랩의 방법론이 사기업 디자인 씽킹과 크게 다르지 않은 것 같네요. 그런데 말이죠. 사실 저희가 진행한 정책 랩은 모두 실패에 가까웠습니다. 내년 프로젝트는 좀 더 제대로 진행하려 이 자리를 마련했습니다."

아마도 연구원의 거대한 규모, 위압적인 느낌의 건물, 까다로운 출입 절차, 무거운 회의실 분위기에서 예감했는지도 모릅니다. 그간 프로젝트가 왜 '망했는지' 느낌이 왔습니다. 그래서 그간 정책 랩을 어떻게 진행했는지 들어보니 세 가지 문제점이 있었습니다.

첫째, 팀 구성이었습니다. 교수, 전문 연구직, 고위 공무원 등 저명인사로 팀을 꾸렸더군요. 각 분야의 전문가니 해당 분야에 명확하고 심도 있는 지식과 식견을 가졌음은 확실합니다. 문제는 대부분의 전문가가 자신의 분야에서 살짝만 벗어나면 그 지식의 깊이와 이해가 날아간다는 사실입니다. 부서 간 협력이 없어지는, 이른바 사일로 효과가 일어나기 쉬운 상황입니다. 게다가 전문가라니 어느 정도 나이가 있는 분들입니다. 나이 많은 게 무조건 문제는 아니지만, 각 분야를 넘나드는 이른바 '학제 간' 기반의 디자인 씽킹을 하기에 쉽지 않은 조건임은 분명합니다. 조력자 역할을 하는 퍼실리테이터facilitator가 있다면 다행이지만, 그 역할은 만만치 않습니다.

둘째, 고객과 공감하기 전에 내부에서 가설을 세우고 문제에 접근했습니다. 고객에 대한 공감과 이해 없이, 사전 경험과 이론만 가지고 가설을 내고 논리적으로 검증하기만 바빴던 거죠. 이름만 디자인 씽킹일 뿐 실제로 변한 게 없던 겁니다.

셋째, 팀에 조직 보스가 참여했습니다. 안 그래도 위계질서가 강하고, 비전문가의 의견은 대부분 무시당하며, 체면 때문에 '정답'을 내기 바쁜 국내 대다수 조직을 생각해봅시다. 그러지 말자고 디자인 씽킹을 하자는데 보스나 팀장이 근엄한 표정으로 회의에 들어와 상석에 앉습니다. 또다시 팀원들은 입을 닫거나 '똑똑해 보이는' 정답만 말하기 바쁘겠죠. 이러면 디자인 씽킹은 보스나 팀장의 생각을 그럴듯하게 감싸는 포장지가 될 뿐입니다. 보스나 팀장은 프로토타입이 완성되고 검증할 때 참여하면 됩니다. 그 전 단계에 보스가 개입하는 상황은 피해야 합니다.

디자인 씽킹을 도입하려는 조직 대부분이 이 세 가지 실수를 저지릅니다. 그런데 이 중에서 마지막 실수가 가장 치명적입니다. 물론 보스가 디자인 씽킹에 처음부터 참여하는 경우도 있습니다. 이는 디자인 씽킹의 전사적 확대를 위한 경우인데, 아직까지 우리나라에서는 정서상 한계가 있습니다(단, 부서 보스끼리 팀을 꾸리는 경우는 괜찮습니다).

디자인 씽킹을 잘하려면
로지컬 씽킹도 잘해야 합니다.

로지컬 씽킹은
디자인 씽킹에 필요한 존재입니다.

# BIG DT vs.
# small dt

디자인 씽킹에 대해 강의해보니 디자인 씽킹이 무엇인지 쉽게 설명하는 방식에 대해 고민을 많이 합니다. 특히 경영학 전공자나 사무직을 상대로 강의할 때 디자인 씽킹을 가장 와닿게 설명하는 방식이 있습니다. 바로 로지컬 씽킹과 비교해서 설명하는 겁니다.

예를 들어볼까요? 프레젠테이션에 뇌 그림을 보여주고 "좌뇌는 로지컬 씽킹을 대표하고, 우뇌가 디자인 씽킹을 대표합니다" 하면 모두들 쉽게 고개를 끄덕입니다. 그런데 이렇게 설명하면 오해가 생깁니다. 디자인 씽킹을 하려면 로지컬 씽킹을 멈추는, 즉 완벽한 우뇌형 인간으로 살아야 한다는 오해입니다.

앞에서도 말했듯, 디자인 씽킹은 좌뇌와 우뇌를 자유롭게 오가며 사고하는 것입니다. 실제로 디자인 씽킹이 로지컬 씽킹의 모든 것을 거부하며 등장한 것도 아니고, 오히려 둘 사이를 통해 정반합의 진화를 고려합니다.

아이디오에서 일하는 사람들이라고 매일 우뇌만 쓰진 않겠죠? 그들이 상대하는 클라이언트나 고객은 좌뇌형일 확률이 높은데, 당연히 고객의 입장에서 '좌뇌 맞춤형' 메시지를 전하는 것도 고려해야 합니다. 디자인 씽킹과 로지컬 씽킹은 분리

된 것이 아닙니다.

실제로 디자인 씽킹 전문가나 경영학 구루는 입을 모아 로지컬 씽킹과 디자인 씽킹에 대해 '모 아니면 도'라는 시각을 철저히 경계합니다. 마틴은《디자인 씽킹 바이블》에서 디자인 씽킹과 로지컬 씽킹에 대해 통합적 접근과 사고가 중요하다고 했습니다. 그는《생각이 차이를 만든다》에서 "통합적 사고란 상반되는 두 아이디어 중 하나를 위해 다른 하나를 버리는 양자택일 대신, 아이디어 간 긴장을 활용해 각각 아이디어보다 뛰어난 새로운 아이디어를 만드는 능력"이라고 말했습니다. 새로운 해결책을 찾기 위해선 상충되는 아이디어와 조건을 모두 이용하는 능력이 필요합니다.

아이디오 공동 창업자이자 데이비드 켈리의 동생인 톰 켈리 역시 "강한 기업은 맥킨지식 로지컬 씽킹과 아이디오식 디자인 씽킹을 함께 쓴다. 점점 더 많은 기업이 둘 사이 균형을 찾으려 노력한다"며 통합적 사고의 중요성을 강조합니다.

이런 관점에서 저는 디자인 씽킹 컨셉을 small dt와 BIG DT로 구분해 설명합니다. 먼저, small dt는 디자인 씽킹을 로지컬 씽킹의 대척점으로 이해하는 방식입니다. 반면에 BIG DT

는 디자인 씽킹과 로지컬 씽킹의 융합에 집중해 좌뇌와 우뇌를 통합적으로 쓰는 것으로 이해하는 방식입니다.

| | 로지컬 씽킹 | 디자인 씽킹 |
|---|---|---|
| 기본 가정 | • 합리성, 객관성<br>• 현실은 고정적이며 양적 측정 가능 | • 주관성<br>• 현실은 사회적 구성 |
| 방법론 | 최적화 | 반복적 시도와 실험 |
| 과정 | 계획 | 실행 |
| 의사결정 동인 | 논리, 수치모형 | 감정적 직관, 실험모형 |
| 가치 | • 당면 과제 중심<br>• 통제와 안정성 추구<br>• 불확실성 최소화 | • 인간 중심<br>• 참신성 추구<br>• 불확실성을 즐김 |

그렇다면 BIG DT와 small dt 중 무엇이 맞을까요? 앞에서 말했지만 둘 다 중요합니다. 다만 제가 볼 때 이 둘의 순서는 있는 것 같습니다. 즉, small dt로 디자인 씽킹 사례를 먼저 충분히 살펴본 후에 BIG DT로 통합적 사고를 해봅니다. 그후에는 각 문제에 따라 순서와 비중에 상관없이 로지컬 씽킹과 디자인 씽킹을 같이 쓰는 게 가장 좋습니다. 로지컬 씽킹만으로 문제를 해결하면 논리적으로 완벽하지만 창의성은 떨어지며, 디자인 씽킹만으로 문제를 해결하면 창의성은 높지만 현실성이 떨어지기 쉽기 때문입니다. 이 사이를 자유롭게 오가야 합니다.

신뢰성과 타당성, 활용과 개발,
분석과 직관 사이를
카메라 줌 인과 줌 아웃처럼 오가세요.

법칙과 방법론을 필요에 따라
자유자재로 써야 합니다.

생각은
양손잡이처럼

디자인 씽킹은 신뢰성과 타당성, 활용과 개발, 분석과 직관 사이 갈등을 '통합적 사고'로 해결합니다. 통합적 사고란 대립되는 둘 이상의 아이디어나 모델을 다룰 수 있는 '메타스킬 metaskill'을 뜻합니다. 어느 하나만을 선택하는 게 아니라 아이디어 사이의 긴장을 창조적으로 해소하는 기술이죠. 이번 장에서는 그 통합적 사고가 어떻게 가능한지를 보려 합니다.

"조셉 스타인은 '8:2 법칙은 수시로 바뀌는 자연의 풍경처럼 변덕스러운 경제 현상을 오랜 세월 지배했다. 그러나 이 법칙은 경험적으로 확인할 수 있을 뿐 아무도 그 이유를 설명하지 못한다'고 말한다. 여기서 강조하고자 하는 것은 8:2 법칙의 원리를 이해하는 것이 중요한 것이 아니라, 그 법칙의 중요성을 본능적으로 깨닫고 행동으로 옮기는 것에 있다는 것이다."

공병호의 《자기경영 노트》에 있는 구절입니다.

8:2 법칙은 이탈리아의 경제학자, 사회학자, 통계학자인 빌프레도 파레토가 발견해 '파레토 법칙'이라고도 불립니다. 그간 사회의 수많은 문제가 파레토 법칙으로 설명됐지만 이제 우리의 관심은 이를 뒤집은 롱테일 법칙, 즉 2:8 법칙으로 옮겨졌습니다. 이 두 법칙의 등장 이야기는 디자인 씽킹에 대해 시사점

을 던집니다.

파레토 법칙은 한마디로 "결과물의 80%는 조직의 20%이 생산한다"는 논리입니다. 실제로 비즈니스 분야에선 황금률로 받아들여져 마케팅의 기본 토대가 됐습니다. 지금도 인기 상품을 고객의 눈에 잘 띄는 곳에 진열해 판매하거나 소수의 우수 고객 또는 우량 고객을 우대하는 등의 마케팅 기법은 효과적으로 쓰입니다.

파레토 법칙은 비즈니스 분야가 아닌 사회 여러 문제에서도 나타납니다. 범죄자의 20%가 전체 범죄의 80%를 저지르고 운전자의 20%가 전체 교통사고의 80%를 낸다는 조사 결과는 흔합니다. 기혼자의 20%가 전체 이혼율의 80%를 차지하기도 하죠. 일상에선 어떤가요? 우리는 365일 중 300일을 가진 옷 중 20%만 입고 생활합니다. 그러면서 항상 입을 옷이 없다고 하죠. 냉장고에 수많은 음식이 있지만 20%의 음식만 집중적으로 먹습니다. 우리나라 사람에겐 아마도 그 20%가 김치겠죠.

이렇듯 파레토 법칙은 20%의 '핵심 소수'가 80%의 '사소한 다수'보다 뛰어난 가치를 창출한다고 봅니다. 지극히 자원

투입 관점에서의 효율성을 따르는 사고방식으로서 그야말로 '로지컬 씽킹'스러운 정의입니다. 그렇다면 과연 성공하는 사람들은 파레토 법칙에 따라 행동할까요? 파레토 법칙은 4차 산업혁명 이전까지는 매우 유효했습니다. 1~3차 산업혁명 시절까진 효율성이 미덕이었으니 말이죠.

하지만 '기계가 할 수 없는 인간 고유의 역할'을 찾아나서는 오늘날엔 파레토 법칙에 대한 믿음이 예전 같지 않습니다. 사람들의 관심이 새로운 사고방식과 행동양식으로 옮겨갑니다. 파레토 법칙의 대척점에 서서 사람의 오묘한 사고방식과 행동양식을 설명해주는 롱테일 법칙이 등장하는 순간입니다.

롱테일 법칙은 80%의 사소한 다수가 20%의 핵심 소수보다 뛰어난 가치를 창출한다는 이론입니다. 그래서 '역파레토 법칙'이라고도 합니다.

롱테일 법칙은 2004년 인터넷 비즈니스 잡지 〈와이어드〉의 편집장 크리스 앤더슨이 처음 써서 알려졌습니다. 앤더슨은 한 기업이나 상점의 상품을 판매순으로 가로축에 늘어놓고, 각각의 판매량을 세로축에 표시해 선으로 연결해봤습니다. 그러니 많이 팔리는 상품들을 연결한 선은 급경사를 이루며 짧게 이어지지만 적게 팔리는 상품들을 연결한 선은 마치 공룡의 '긴 꼬리'처럼 낮지만 길게 이어지는데, 이 꼬리 부분에 해당하는 상품들의 총 판매량이 인기 상품의 총 판매량을 압도한다는 것을 발견합니다.

온라인 서점 아마존닷컴과 구글이 롱테일 법칙의 좋은 예입니다. 아마존닷컴 사업 초기에는 전체 수익 절반 이상이 오프라인 서점 서가에도 없는 비인기 단행본이나 희귀본 등 이른바 '안 팔리는 책' 판매에서 나왔다고 합니다. 안 팔리는 책이라도 수요가 있기 마련인데, 오프라인 서점은 재고 부담 때문에 팔리는 책들만 가져다 놓기 마련입니다. 그런데 아마존닷컴에서는 안 팔리는 책을 구할 수 있으니 그런 작은 판매가 모여 매출이 된 겁니다. 구글의 주요 광고 수익원은 〈포춘〉 500대 기업이 아니라 꽃 배달 가게나 제과점 등 '자잘한' 광고주들입니다. 구글의 전 CEO 에릭 슈미트는 "구글은 롱테일을 추구하는 기업"이라고 밝힌 바 있습니다.

롱테일 법칙의 시사점은 무엇일까요? 일에서든 일상에서든 인간관계에서든 이른바 '잔챙이'의 존재를 소홀히 여겨서는 안 된다는 점입니다. 파레토 법칙 때문에 잔챙이를 무시하는 순간, 고유한 아이디어와 혁신의 가능성을 송두리째 없앨 수도 있다는 겁니다.

잔챙이의 위대한 힘을 실감했던 사례를 소개하겠습니다. 제가 2009년 LG전자에서 일했을 때입니다. 당시 저의 과제는 프랑스 에어컨 사업부 턴어라운드 프로젝트였습니다. 30대 초반 주니어였던 제겐 꽤나 부담스러운 일이었습니다.

LG전자 에어컨 사업부는 2000년 초 프랑스에 처음 진출했습니다. 당시 프랑스에서는 기록적 폭염으로 70여 명이 더위로 사망하는 사태가 일어났습니다. 원래 프랑스는 에어컨이 잘 안 팔리는 나라였지만 사망자가 나올 정도의 폭염이다 보니 에어컨이 불티나게 팔리기 시작했습니다.

그렇게 프랑스 시장에서 최초로 점유율 5%를 달성한 해에 문제가 생겼습니다. 북부 지역에서 클레임이 쏟아지기 시작했는데, 한 달 만에 30건이 넘었습니다. 아직 서비스망을 본격적으로 구축하기 전이었던지라 기존 서비스 기사를 활용하는 것도 모자라 외주 업체까지 동원했지만, 에어컨 수리는 제때 안 되니 고객의 불만이 더욱 심해져만 갔죠.

무엇이 문제였을까요? 클레임 분석을 통해 모델별 고장 이력을 추적해봤습니다. 클레임의 약 80%가 20%의 모델에 집중됐습니다. 그 20% 중 절반을 차지한 모델 A가 눈에 띄는 '문제아'였습니다. 파레토 법칙을 따른다면 본사 연구소에 A의 결함 확인 및 개선을 주문했겠죠? 하지만 고객에게 직접 의견을 들어봤더니 의외의 결론이 나왔습니다. 고객의 불만이 제일 컸던 모델은 막상 A가 아니라 X였습니다. X는 클레임 건수가 매우 적었는데 말이죠. 왜 이런 차이가 나왔을까요?

A는 클레임 건수가 많았지만 소모품 교체, 배관 불량 등 단순 서비스 접수 건이 대부분이었습니다. 반면 X는 클레임 건수가 적은 대신 그 원인을 정확히 알 수 없는 모델이었습니다. 원인을 모르니 서비스로도 해결이 안 되고, 에어컨이 두세 달 이상 고장 난 채 더위를 겪어야 했던 고객의 입장을 생각해보면 진짜 문제아는 A가 아니라 X였죠. 만약 파레토 법칙에 따라 A에 집중하고 나머지 모델을 등한시했다면? 턴어라운드 프로젝트의 결과는 끔찍했을 겁니다. 이 일이 있고부터 저는 어떤 정보나 데이터를 새로 접하면 파레토 법칙과 롱테일 법칙을 번갈아 적용해 살펴봅니다.

LG경제연구원의 보고서 〈불확실한 환경, 직관의 힘이 중요

적절하게 **분석**과 **직관**의 사이를 오가는

정신적 **양손잡이**가 돼야 한다.

해진다〉에 따르면 "사람들은 직관을 마술처럼 갑자기 일어나는 감 또는 본능 정도로만 생각하는 경우가 많다. 그러나 직관은 타고난 생물학적 현상이라기보다 개인의 경험을 바탕으로 종합적 사고의 과정을 거쳐 이뤄지는 판단 능력에 더 가깝다"고 말합니다. 그리고 "비즈니스에서 최종 선택은 항상 직관적이다. 그렇지 않다면 모든 문제 해결은 수학자들의 몫이 됐을 것"이라는 BCG 창업자 브루스 핸더슨의 말을 인용합니다.

또한 영국 서리대 교수 유진 새들러스미스는 "적절하게 분석과 직관의 사이를 오가는 정신적 양손잡이가 돼야 한다"고 주장하면서 로지컬 씽킹과 디자인 씽킹 간 균형 잡힌 통합적 사고 역량을 강조합니다.

'똑똑이'가 아니라
'목소리 큰 놈'이 되세요.

창의적 아이디어는
목소리 크기에서 나올 때도 있습니다.

귀납법 말고
귀추법을 아세요?

스페인에서 박사 과정을 밟던 시절, 연구방법론 강의 때 일입니다. 교수가 질문을 던집니다.

"연역법, 귀납법, 귀추법의 핵심적 차이가 뭐죠?"

귀추법? 난생처음 듣는 용어를, 그것도 영어로 접하니 당황스럽습니다. 그것도 아이스브레이킹 차원으로 던진 질문 같은데 말이죠. 더 당황스러웠던 점은 몇몇 학생이 손을 든 모습이었습니다. 강의가 끝나고 친구에게 물어봤습니다.

"너는 귀추법이 뭔지 알아?"

돌아오는 대답이 문화 충격이었습니다.

"그럼, 귀추법을 모르는 사람이 있어?"

나중에 알고 보니 유럽 문화권에선 논리, 철학, 법학, 토론 등을 배울 때 귀추법은 연역법, 귀납법과 세트로 등장한다고 합니다. 마치 포크, 나이프, 스푼처럼요.

그렇다면 우리나라 사람 중 귀추법을 아는 사람은 얼마나 될까요? 그간 제법 많은 강연을 다녔지만 귀추법의 존재를 아는 사람은 단 한 명도 없었습니다. 왜 우리는 귀추법에 대해 모를까요?

먼저 귀추법이 무엇인지부터 알아보겠습니다. 우리에게 연역법과 귀납법은 익숙합니다. 과학적 전통에 기반을 둔 연역법과 귀납법은 추론 과정 끝에 주어진 진술이 과연 참인지 거짓인지를 판단할 때 쓰는 방법이죠.

연역법은 이미 알고 있는 하나 또는 둘 이상의 명제를 전제로, 명확히 규정된 논리적 형식을 바탕으로 새로운 명제를 결론으로 내는 추리법입니다. 여기에는 하나의 전제에서 결론이 나는 직접추리와 두 개 이상의 전제에서 결론이 나는 간접추리가 있습니다. 간접추리에서는 삼단논법이 대표적입니다. 다음의 예처럼 대전제, 소전제, 결론 순으로 구성됩니다.

- 모든 사람은 죽는다(A → B, 대전제)
- 소크라테스는 사람이다(C → A, 소전제)
- 소크라테스는 죽는다(C → B, 결론)

귀납법은 개별적이고 특수한 사실이나 현상에서 공통 사례를 찾아 새로운 명제를 결론으로 내는 추리법입니다. 인간의 다양한 경험, 실천, 실험 등의 결과를 일반화하는 데 주로 쓰입니다. 예를 들어, 어느 동네를 갔는데 첫 번째 집 대문이 노란색입니다. 두 번째 집 대문도 노란색입니다. 그런데 세 번째 집도 대문이 노란색이면, 조심스럽지만 '이 동네는 집 대문이 모두 노란색이다'라고 말할 수 있지 않을까요? 이렇게 경험과 관찰에 근거해 일반화하는 것이 귀납법입니다.

그런데 소크라테스가 만약 죽지 않는다면? 노란 대문만 있는 줄 알았던 동네에서 456번째 집 대문이 빨간색이라면? 앞의 두 결론은 모두 거짓이 되겠죠. 즉, 연역법과 귀납법의 결론은 언제나 참이냐 거짓이냐 둘 중 하나입니다.

귀추법은 주어진 관찰과 사실로부터 '가장 그럴듯한 최선의 설명'을 끌어내는 방법입니다. 연역법은 일반적 명제에서 구체적 결론을 필연적으로 이끌어내지만, 귀추법에서는 명제로부터 결론이 필연적으로 따라나오지 않죠. 그래서 귀추법은 귀납법과 좀 더 비슷합니다. 그러나 차이도 있습니다.

귀추법과 귀납법이 비슷한 점은 둘 다 확장적이라는 것입니다. 전제보다 결론의 의미가 더 큽니다. 하지만 귀납법에서는 사실에서 관찰된 빈도나 통계적 사실만으로 결론을 내지만, 귀추법에서는 사실에서 추론되는 다양한 설명 중 가장 그럴싸한 설명 하나가 결론이 됩니다. 즉, 귀추법의 결론에는 참과 거짓이 불투명합니다.

귀추법을 가장 잘 설명하는 예가 애플 아이폰입니다. 애플이 아이폰을 개발할 당시 스티브 잡스는 아이폰의 모서리를 둥글게 만들기 원했습니다. 그래야 소비자가 제품을 안전하게 느끼고 편안하게 사용할 수 있을 것이라는 생각이었죠. 그러나 제작과 비용상의 이유로 둥근 모서리를 반대하는 이들이 많았습니다. 잡스는 자신의 의견을 관철시키기 위해 도로 표지판부터 시작해 모서리가 둥근 물건을 모조리 골라 보여줍니다. 그리고 세상의 모든 안전과 관련된 물건의 모서리는 둥글다고 주장합니다. 이렇게 '가장 그럴듯한 최선의 설명'을 끌어냅니다.

실제로 디자이너도 귀추법의 세계에서 살아갑니다. 언제나 새로운 데이터와 정보를 찾고, 세상이 당연하게 받아들이는 명제에 도전하며 새로운 세계를 그리니까요. 그렇게 기존 비즈니스 업계와 세상을 놀라게 합니다.

아리스토텔레스는 귀납법과 귀추법이 객관적 지식에 다가가도록 하는 추론 형태라 주장했습니다. 하지만 귀추법은 귀납법에 비해 주목받지 못했습니다. 귀추법은 19세기 말 찰스 샌더스 퍼스에 의해서야 그 의미가 정립됩니다. 퍼스의 《연역, 귀

연역법(규칙→사례→결과)

이 자루에서 나온 콩은 모두 흰색이다.

이 콩은 이 자루에서 나왔다.

이 콩은 흰색이다.


귀납법(사례→결과→규칙)

이 콩은 이 자루에서 나왔다.

이 콩은 흰색이다.

이 자루에서 나온 콩은 모두 흰색이다.

**귀추법(규칙 → 결과 → 사례)**

이 자루에서 나온 콩은 모두 흰색이다.

이 콩은 흰색이다.

이 콩은 이 자루에서 나왔다.

납, 그리고 가설Deduction, Induction, and Hypothesis》에서는 어떤 특정한 현상이 관찰된 후 그 현상을 설명하기 위한 다양한 가설이 나옵니다. 이 가설은 현상과 사실을 통해 참 혹은 거짓 여부가 가려집니다. 현상과 사실을 통해 더욱 성공적 가설이 받아들여지거나, 나중엔 더 그럴듯한 가설로 결론이 뒤집힐 때도 있습니다. 뒤집혔다 해서 기존 가설이 무조건 거짓은 아닙니다. 뒤집힌 후의 가설이 언제나 참이라는 보장도 없습니다. 그 시점에서 가장 그럴듯할 뿐이죠.

여기서 우리나라에서 왜 귀추법을 안 가르치는지 짐작할 수 있습니다. 주어진 문제에서 참과 거짓을 빠르게 판명해야 하는 우리나라 교육에서 정답이 없는 결과를 끌어내는 귀추법은 불편한 존재였을 겁니다. 객관식 문제로 등수를 매기는 문화에서 귀추법은 비효율적이고 실속 없는 말장난으로 받아들여졌을 겁니다.

그러나 이제 앞선 아이디어를 빠르고 효율적으로 따라하는 전략은 더 이상 쓰기 어려워졌습니다. 우리나라가 더는 추격자가 아닌 선도자가 됐기 때문입니다. 그간 논리 정연한 좌뇌로만 달려왔다면 이제는 우뇌도 익숙하게 쓰면서 좌뇌와 우뇌를 자유롭게 오가는 디자인 씽킹이 중요합니다. 이를 위해 귀추법은 아주 중요한 도구입니다. 기존의 로지컬 씽킹으로 똘똘 뭉친 '똑똑이'가 상상하기 어려운 아이디어를 내야 하기 때문이죠.

'이렇게까지 해야 하나?' 싶을 때까지,
'그만해라'는 말을 들을 때까지
공감하세요.

진심으로 공감해야
진짜 문제와 마주할 수 있습니다.

고객에게 공감하나요?
진심으로요

한 할머니가 실수로 남편의 약병을 집어 듭니다. 약병에 적힌 남편 이름과 첫 글자가 같은 데다 약병 모양까지 매우 비슷했기 때문입니다. 그런데 할머니는 심장병을 앓았고, 남편은 위장병을 앓았습니다. 할머니가 남편의 약을 먹었다면 큰일이 났을 겁니다.

디자이너인 손녀 데보라는 할머니의 실수를 가볍게 넘기지 않았습니다. 관찰 결과, 노인은 시력이 떨어져 글자를 구분하기 어렵고 이에 따라 약병에 깨알같이 적힌 길고 복잡한 정보를 읽고 이해하는 것이 어렵다는 걸 깨달았습니다. 게다가 기존 약병은 손에 쥐거나 뚜껑을 열기에도 힘들었습니다. 데보라는 해당 약을 판매하는 마트를 상대로 새로운 약병 디자인 프로젝트를 제안했습니다.

그렇게 시작된 디자인 씽킹으로 새로운 약병이 나왔습니다. 먼저 약병마다 다양한 색상의 링을 달았습니다. 링의 색상으로 종류를 쉽게 구분하기 위함입니다. 복용법은 큰 글자로 필요한 내용만 간략히 적었습니다. 예를 들어 "하루 세 번, 식후 30분에 한 알" 정도만 크게 쓰고, 굳이 자주 읽지 않는 정보는 최소화했죠. 병 모양은 손에 잘 잡히도록 크기를 키우고 네모나게

**디자인 씽킹으로 데보라가 만든 약병**

바꿨으며, 뚜껑 역시 쉽게 열리도록 했습니다.

디자인 씽킹 모델에는 모두 단계가 있습니다. 그러면 가장 중요한 단계는 무엇일까요? 당연히 모든 단계가 중요하고 나름의 가치가 있습니다. 그럼에도 굳이 하나를 고르라면 저는 '공감'을 꼽겠습니다.

지금까지 우리가 직접 했거나 지켜봤던 수많은 문제 해결법을 생각해봅시다. 대부분의 문제는 톱다운으로 주어집니다. 회사 상사 혹은 클라이언트가 문제를 주죠. 그러면 팀이 만들어지고 누가 시키지 않아도 시장 및 고객 조사, 경쟁사 분석 등이 착착 진행됩니다. 하지만 디자인 씽킹에서는 문제가 주어지지 않습니다. 상황에서 문제를 찾아내야 합니다. 문제를 모른 채 문제 해결을 하려면 어떻게 해야 할까요? 먼저 고객을 만나 그들이 어떻게 생활하고 어떠한 문제를 겪는지를 공감하는 것에서부터 시작해야 합니다.

공감하는 건 한 시간 안에도 가능하고 1년이 걸릴 수도 있습니다. 운이 좋거나 서로 잘 통해서 짧은 시간에 깊은 공감이 가능한 경우도 있지만, 대부분의 경우는 시간을 오래 쓸수록 공감이 더욱 깊어집니다. 초반엔 깊이 공감한 줄 알았는데 지나고 보니 포인트가 달랐거나, 예상하지 못한 포인트가 나오는 경우가 많기 때문입니다. 처음에는 지루하고 피곤한 절차처럼 느껴지더라도 오랜 시간 마라톤을 하다가 마주하는 세컨드 웨이브처럼, 오랜 시간 힘겹게 산을 올라 정상에서 마시는 물처럼 오랜 기다림 끝에 새로운 포인트를 마주했을 때 그 청량함과 상쾌함은 이루 말할 수 없습니다.

디지털 전환 관련 웹사이트 구축 프로젝트 때 이야기입니다. 목적은 국민에게 디지털 전환이 무엇인지를 알리기 위함이었습니다. 국민에게 무엇을 보여줄지, 그 정보를 왜 보여줄지, 우리의 고객은 누구인지 등에 대해 난상 토론이 이어졌습니다. 그렇게 작업 계획을 논하고 웹사이트 개통을 다섯 달 남짓 앞둔 시점이었습니다. 웹 개발자에게 개발 요건을 넘기기 위해 웹사이트 구조나 메뉴별 콘텐츠가 정해져야 하는 단계였죠. 저는 쓸 수 있는 일정 중 앞의 두 달을 '공감'에 쓰자고 했습니다. 그런데 팀장이 반대 의견을 냅니다.

"천 명을 대상으로 '모바일 환경 분석'이라는 서베이가 사전 과제 차원으로 진행됐고요. 백 명 대상 포커스그룹인터뷰도 했습니다. 이 내용으로 대신하면 안 될까요?"

짧은 정적을 깨고 제가 되묻습니다.

"팀장님, 그 서베이와 인터뷰 말이죠. 오늘 우리가 합의한 문제를 해결하기 위한 공감 차원으로 이뤄졌나요?"

팀장의 자세가 꽤 완고합니다.

"이 프로젝트는 다섯 달 뒤 완성돼야 합니다. 지금도 충분히 늦었습니다. 고객 조사는 기존 작업 결과로 서둘러 마무리하고 다음 단계로 건너가는 게 좋을 것 같아요."

물론 팀장의 뜻은 충분히 이해했습니다. 모든 프로젝트에는 예산, 인력, 기간에 제약이 있고 때론 이런 제약이 프로젝트의 목적의식을 자주 가리기 때문이죠. 하지만 저는 다시 말문을 이었습니다.

"예산 더 쓰고, 인력 더 부르고, 최악의 경우 일정을 늦추더라도 고객과의 공감을 등한시해서는 안 됩니다. 공든 탑이 무너지면 안 되잖아요. 고객과의 공감은 결코 우리를 배신하지 않습니다. 물론 잘 계획되고 진행된다는 전제하에 말이죠."

결국 일정을 한 달 늦추기로 합의하고 인력을 늘려 네 개의 페르소나를 찾고 각 페르소나별로 소비자 행동을 분석했습니다. 이때 기존 서베이와 포커스그룹인터뷰에서 나오지 않았던 포인트가 많이 나왔습니다. 이 포인트들은 더욱 창의적인 아이디어를 내는 마중물 역할을 했습니다.

사례를 하나 더 들겠습니다. 아프리카에서는 매년 수만 명의 아이가 깨끗한 식수를 마시지 못해 죽어갑니다. 우리에겐 아주 당연한 '깨끗한 식수'가 이역만리 아프리카에서는 절실히 해결해야 하는 문제입니다.

학교에 가지 않는 아이는 가족이 마실 물을 길어오기 위해 집을 나섭니다. 하지만 강가로 가는 길은 꼬불꼬불하고 울퉁불퉁하며 곳곳에 맹수가 위협합니다. 40도가 넘는 땡볕을 뚫고 가까스로 도착한 강가의 물은 사막의 오아시스만큼 간절하게 다가옵니다. 목마르고 지친 아이는 갈증과 더위를 참지 못하고 강물에 뛰어들어 열을 식히며 물을 마십니다. 이렇게 더러운 강물을 마시고 이질, 장티푸스, 콜레라 등 수인성전염병을 겪다가 죽어갑니다.

덴마크의 베스터가르드프랑센그룹은 이러한 상황을 보고 10여 년에 걸친 연구 끝에 휴대용 간이 정수기 '라이프스트로우Lifestraw'를 만들었습니다. 어쩔 수 없이 더러운 강물을 마셔야 하는 아이에게 이 제품은 말 그대로 '생명을 구하는 빨대'입

**라이프스트로우**

출처: lifestraw.com

니다.

우리가 집에 설치해 쓰는 정수기만큼은 아니더라도 당장 몇 모금을 마시기에 라이프스트로우는 적절한 수준입니다. 제품 개발을 위해 아프리카에서 몇 달을 보내며 고객과 공감하는 노력이 소중한 결실로 만들어진 겁니다.

초반에 떠오른 답은 오답입니다.
습관적으로 다른 답을 더 찾으세요.

디자인 씽킹의 목적은
빠르게 답 찾기가 아닙니다.
누구도 생각 못한 답 찾기입니다.

빠르게 말고
제대로

디자인 씽킹 강연 및 워크숍에서 종종 보이는 장면이 있습니다. 자신의 가설을 최종 결과물에 끼워 맞추려는 모습입니다. 특히 전략이나 기획, 컨설팅 경험자 중에 이런 경향이 많습니다. 가설 중심으로 문제를 해결하는 데 익숙하기 때문이겠죠. 그런데 문제는 그 가설이 개인의 지식과 경험에서 나온다는 겁니다.

디자인 씽킹에서 문제는 고객과 공감하면서 찾아내야 합니다. 사전적 지식과 배경에 근거한 가설은 오히려 진짜 문제를 찾는 데 방해물이 되기도 합니다.

한 대기업과 디자인 씽킹 워크숍을 두 달가량 진행한 적이 있습니다. 당연히 문제는 알려주지 않았고 '디지털'을 다룰 것이라고만 간단히 공지했죠. 워크숍 첫날, 디자인 씽킹의 개념 및 방법론을 설명하고 각 그룹이 어떻게 논의하는지 관찰했는데 몇몇 그룹은 이미 결과물에 대한 가설을 토론하고 있었습니다.

"제 생각엔 요즘 핫한 메타버스를 활용하면 좋을 것 같습니다."

"맞아요. 사장단에서 발표한 하반기 중점 과제 중에서도 메타버스 이야기가 있었어요."

"그러네요. 우리 워크숍 주제도 디지털이니 연관도가 높네요. 혹시 구체적 아이디어나 가설이 있나요?"

무려 워크숍 '첫날'에 오간 대화입니다. 디자인 씽킹은 시작도 안 했는데 이미 프로젝트가 거의 끝난 분위기입니다. 심지어 여기서 끝나지 않습니다. 타깃까지 정하네요.

"우리가 놓친 10대 고객에게 서비스를 효과적으로 알리는 홍보/마케팅을 메타버스를 통해 진행하면 좋을 것 같아요."

처음 가설을 더욱 강화하고 지지하는 데 공감 단계를 끼워 맞춘 셈입니다. 결과는 어땠을까요? 프로토타이핑과 테스트를 거치면서 타깃이 원하는 것과 가설이 다르다는 사실이 드러났고, 결국 다시 공감 단계로 돌아가야 했습니다.

이런 사례는 아주 많습니다. 공감하자면서 자기 생각과 기존 아이디어를 섞는 경우죠. 물론 프로젝트에서 솔루션의 방향은 있어야 하지만 때로는 그 방향이나 가설이 고객에 대한 공감과 이해를 방해하고, 자유로운 의견에 방해물이 될 수도 있습니다.

마구 던져봅시다.
엉뚱하고 쌩뚱맞은 아이디어를요.

정답을 찾아야 한다는
부담감은 접으세요.

정답을 찾자는 게
아니잖아요

디자인 씽킹 프로젝트를 진행하다 보면 정말로 다양한 상황을 보는데, 그중 하나가 프로젝트 초반부터 정답을 향해 달려가는 경우입니다.

아무리 사고를 느슨하게 하고 분산적 사고의 중요성을 강조해도 우리들 DNA에는 정답을 찾는 방향성이 자리 잡았나 봅니다. 마치 흐르는 강물을 거꾸로 거슬러 오르는 연어의 회귀본능처럼 말이죠.

물론 디자인 씽킹도 고객이 원하는 솔루션을 찾아 최종적으로 하나의 아이디어를 선택하는 작업이니, 정답을 찾는 과정에서 완전히 벗어나긴 어렵습니다. 하지만 이러한 수렴적 사고가 프로젝트를 초반부터 지배한다면 이는 결코 바람직하지 않습니다.

이러한 '정답 찾기 본능'은 팀의 사고를 딱딱하게 하고 창의적 아이디어를 자유롭게 제시하지 못하게 합니다. 타인의 눈치를 보고, 정답을 찾는 흐름에 방해될까 봐 논점에서 벗어난 아이디어는 수면 아래로 숨어버립니다.

한 대기업의 디자인 씽킹 프로젝트를 하면서 그 팀의 '정답 찾기 본능'이 선명하게 기억 납니다. 전공, 성별, 나이, 직급에서 아주 잘 균형 잡힌 완벽한 팀이었죠. 팀장은 40대 중반 남성으로 태생적으로 유쾌한 데다 사람들과 어울리는 것을 좋아하는 타입이었습니다. 두 번째 날, 이 팀의 회의를 지켜보니 매우 흥미로운 모습이 보입니다.

"자, 이제 우리는 디자인 씽킹을 진행하는 단계니 자유롭게 의견을 개진하는 것이 중요합니다."

팀장이 편안한 분위기를 이끌어내며 회의를 시작합니다. 가장 나이 어린 신입 사원이 입을 열었습니다.

"우리 팀이 타기팅하는 고객이 20대 여성이니, 주변에 있는 A여대를 방문해 페르소나를 찾아보면 어떨까요?"

곁에 있던 30대 초반의 과장이 말을 이어갑니다.

"그러기에는 시간적 여유가 부족합니다. 20대 여성이 패션이나 화장품 측면에서 가장 불편해하는 것이 무엇인지 생각해 보고 접근해야 할 것 같아요. 제 생각에는 최근에 인기를 끄는 피부 관리 기기 혹은 탈모 방지 기기 등에 초점을 맞추면 어떨까 합니다."

팀장이 조용히 입을 엽니다.

"탈모 방지 기기, 좋은 생각 같습니다. 이것에 초점을 두고 시장조사, 고객 인터뷰 등을 진행하면 어떨까요?"

나머지는 모두 동의하는 듯 고개를 끄덕입니다. 어떤가요? 너무나도 평화롭고 지극히 일상적인 회의 모습이죠? 하지만 이 팀이 간과한 것은 지금이 정답을 찾는 단계가 아니라는 점입니다. 정답을 찾을 시간은 아직 충분합니다. 찾고 싶지 않아도 나중에는 정답을 찾는 것으로 귀결되는 것이 우리의 삶, 직장 생활이니까요.

디자인 씽킹을 한다면 굳이 처음부터 정답을 향해 달려갈 필요가 없습니다. 오히려 프로젝트 초반에는 사람들의 실수를 장려하고 엉뚱한 아이디어를 더 끌어내기 위해서, 오히려 초장부터 정답만을 말하는 '똘똘이 스머프'를 꾸짖는 문화가 필요합니다. 펜실베이니아대 와튼스쿨 교수이자 《오리지널스》의 저자 애덤 그랜트는 "많은 연구에 따르면 사람들이 실수해도 처벌받지 않는다는 '심리적 안전망'이 잘 갖춰진 환경에서 창의와 혁신이 증진되는 것으로 나타났다"고 말합니다. 한 박자 쉬어가는 느낌으로 정답과 거리가 먼 오답부터 시작해 정답을 향해 꼬불꼬불, 삐뚤빼뚤 생각을 비틀어보는 것은 어떨까요?

정답을 말하기 전에는 창의적 사고를 장려해야 합니다. 그럴 때 좋은 방법이 브레인스토밍이죠. 브레인스토밍은 엉뚱한 상상을 독려하는 대표적 방법입니다. 그럼 세계에서 디자인 씽킹을 제일 잘한다는 브레인스토밍을 어떻게 할까요?

- 아이디어에 대한 판단을 잠시 미루기
- 엉뚱한 아이디어 환영하기
- 다른 팀원의 아이디어에서 힌트를 얻어 아이디어 개선하기
- 한 번에 하나씩 말하기, 즉 주제에 집중하기
- 한 번에 한 사람만 대화하기
- 시각화하기
- 가능한 한 많은 아이디어 내기

노스웨스턴대 켈로그 MBA 교수인 레이 톰슨은 브레인스토밍에서 주제와 관련 없는 엉뚱한 이야기가 먼저 나오는 경우 26% 더 많은 아이디어가 나왔고, 아이디어 다양성도 15% 증가했다고 소개했습니다.

피식대는 웃음이 나오면 그 회의는 성공입니다. 크레이지한 창의성의 가능성이 생겼다는 뜻이니까요.

"50세 남자,
연봉 6300만 원,
대치동 E아파트 101m² 전세 거주"

당신의 페르소나는 필요 이상으로
세밀해야 합니다.
마치 진짜 살아 움직이는 사람처럼요.

'주민등록증 가진'
페르소나를 찾으세요

송강호와 봉준호, 이병헌과 김지운, 유재석과 김태호, 이서 진과 나영석. 어떤 관계로 보이나요? 송강호는 봉준호의, 이병 헌은 김지운의, 유재석은 김태호의, 이서진은 나영석의 페르소 나입니다.

페르소나는 '가면'을 뜻하는 그리스 단어입니다. 요즘엔 자 신의 세계관을 대표하는 역할이자 특정 상징을 표현하는 용어 로도 쓰이는데 특히 영화계와 마케팅에서 애용합니다.

디자인 씽킹에서 페르소나는 '타깃을 대표하는 특정 인물' 입니다. 최종 사용자의 프로필과 가장 가까운 존재죠. 몽타주 수준을 넘어 '주민등록증을 가진' 수준의 페르소나를 정하면 더욱 구체성을 띠면서 추측이나 재고의 여지가 없어집니다.

물론 원하는 페르소나의 특성을 상세히 정하고, 그 특성을 충족시키는 페르소나를 실제로 찾기는 매우 힘듭니다. 그럼에 도 우리는 페르소나를 구체적으로 정의하고, 최대한 일치하되 실존하는 고객을 찾아야 합니다. 보편적 최종 사용자가 아닌 그 한 명에게 집중해 제품과 서비스를 개발해야 합니다.

여기에 대부분은 의문을 제기할 겁니다. 쉽지도 않고 성공 률도 보장할 수 없는 이 막막한 일을 언제까지 해야 하냐고 말이죠. 하지만 문장과 말로는 표현하기 힘든 페르소나의 미묘한 특징을 팀원이 이해하고 공감대를 형성한다면 매우 강력한 목적의식과 동기부여로 돌아옵니다.

페르소나를 찾기 위해서는 먼저 타깃에 대한 자료를 수집해야 합니다. 그리고 수집한 자료를 바탕으로 페르소나에 대한 '팩트 시트fact sheet'를 씁니다. 팩트 시트에는 인적 사항을 아주 세세하게 쓰고 사진도 적극 활용합시다. "연봉 1억 이하, 서울 거주" 정도가 아니라 "50세 남자, 연봉 6300만 원, 대치동 E 아파트 101m² 전세 거주" 정도여야 합니다. 이렇게 팩트 시트를 작성하면 페르소나의 중요 특성이 무엇인지 점점 명확해집니다.

페르소나를 찾는 이유 중 하나는 '핵심 구매 요인key buying factor'을 찾기 위함입니다. 타깃이 자다가도 벌떡 일어나게 만들 무언가를 찾는 거죠. 가령 기업 고객이라면 인사고과나 감원에 영향을 주는 요인이겠죠. 이렇듯 핵심 구매 요인은 우리의 페르소나 찾기가 바른 길로 가는지를 판단하는 나침반이 됩니다.

페르소나를 만나 인터뷰할 때는 소재와 횟수에 가급적 제약을 두지 맙시다. 그렇게 인터뷰에서 나온 사항을 팩트 시트에 추가한 후 팀과 공유하세요. 팀원이 모두 동일한 정보를 바탕으로 페르소나를 이해해야 하기 때문입니다. 페르소나가 직접 말한 내용 이외에 소지품 상태나 기호, 즐겨 쓰는 브랜드 등의 다양한 비언어적 특징도 기록하는 게 좋습니다. 때로는 이와 같은 시시콜콜한 정보가 많은 것을 이해하는 데 오히려 도움을 줍니다.

페르소나를 찾아야 하는 이유는 이제 알 것 같은데, 왜 이렇게까지 해야 하나 싶은 의문도 들 수 있습니다. 왜 이렇게까지 해야 할까요? 예를 들어, 어떤 팀이 시장 및 고객 조사 후 다음과 같이 발표했습니다.

"해당 상품에 대한 국내 시장 규모는 연간 40조 원 규모로 향후 5년간 25%의 폭발적 상승을 보일 것으로 전망됩니다. 특히 20대 남성이 전체 시장을 견인할 것으로 예상됩니다."

이 팀이 누굴 겨냥할지 보이나요? 20대 남성에 집중하겠다는 말 같은데, 그 20대 남성 중 누굴 공략할지가 안 보입니다. 우리나라 20대 남성 인구만 해도 대략 300~400만 명인데 이들을 한 그룹으로 뭉뚱그리는 게 과연 바람직할까요?

물론 좀 더 나눌 수 있습니다.

"20대 남성을 대상으로 정치 성향 조사를 실시한 결과, 40%는 진보, 30%는 보수, 30%는 중도로 나타났습니다. 저희는 진보층을 공략하려 합니다."

이제 타깃이 대략 100만 명으로 좁혀졌습니다. 그러면 100만 명의 20대 진보층 남성은 한 그룹으로 정의할 수 있을까요? 즐겨 마시는 맥주 브랜드, 자주 입는 의류 브랜드, 응원하는 야구팀, 좋아하는 음식, 가고 싶은 여행지 등이 모두 다를 텐데 말이죠.

진짜 타깃이 누군지 알기 위해서는 해당 고객을 몇 명이라도 직접 만나보는 수밖에 없습니다. 그렇게 그들의 삶, 행동, 태도, 생각을 이해한 다음 그들 주변으로 범위를 확대해야 합니다. 그저 '10%의 시장 성장률', '해당 연령 인구 중 30%' 등의 말로 고객을 설명할 수 있다 생각한다면 오만이자 오판입니다.

지금 당장 밖으로 나가세요.
직접 만나 관찰하고 공감하세요.

당신의 '1호 고객'은
밖에 있습니다.

당신의 페르소나 1호는
누군가요?

우여곡절 끝에 페르소나를 찾았습니다. 그런데 또 질문이 떠오릅니다.

'페르소나는 한 명이면 충분할까?'

'그 한 명이 타깃을 대표할 수 있을까?'

당연히 아닙니다. 페르소나는 많을수록 좋습니다. 그러니 대부분의 고객을 대표할 때까지 페르소나의 수를 늘려야 합니다. 고객을 네 가지 범주로 구분했다면 당연히 네 명의 페르소나가 필요하고, 여덟 가지 범주로 넓혀야 한다면 당연히 페르소나도 여덟 명이 필요합니다. 그렇다면 문제는 고객군을 얼마나 정교하게 정의하냐가 되겠군요.

여러 방법이 있지만 오른쪽 도표와 같이 사분면으로 나누는 방식이 고객군을 정의하는 가장 대표적 방법입니다. 이 방법에서 중요한 것은 각 사분면이 충분히 '미시MECE'한지입니다. 'Mutually Exclusive and Collectively Exhaustive', 즉 각 요소가 겹치거나 빠지는 부분 없이 나뉘어야 한다는 뜻입니다. 그리고 각 사분면이 충분히 유의미하고 집단을 흥미롭게 구성하는지도 보세요. 이 두 가지 조건이 성립되면 범주별로 페르소나를 찾아 나설 차례입니다.

## 고객군 구성의 예시

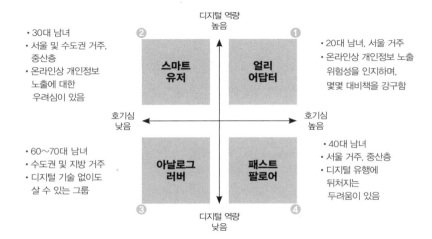

- 30대 남녀
- 서울 및 수도권 거주, 중산층
- 온라인상 개인정보 노출에 대한 우려심이 있음

- 20대 남녀, 서울 거주
- 온라인상 개인정보 노출 위험성을 인지하며, 몇몇 대비책을 강구함

- 60~70대 남녀
- 수도권 및 지방 거주
- 디지털 기술 없이도 살 수 있는 그룹

- 40대 남녀
- 서울 거주, 중산층
- 디지털 유행에 뒤처지는 두려움이 있음

디지털 역량 높음

② 스마트 유저

① 얼리 어답터

호기심 낮음 ← → 호기심 높음

③ 아날로그 러버

④ 패스트 팔로어

디지털 역량 낮음

애플 아이폰을 생각해보죠. 애플 제품은 팬층이 두터운 걸로 유명합니다. 특히 아이폰은 매년 가을 신제품이 나올 때마다 1호로 구매하기 위해 애플스토어 앞에서 노숙을 하는 이들이 있을 정도입니다. 1호 고객이라 함은 '자다가도 해당 제품 이야기가 나오면 벌떡 일어날' 만큼 관심과 고민이 깊은 사람일 겁니다. 한마디로 간절히 열망하는 사람이죠. 이들이 바로 페르소나입니다.

그렇다면 애플은 자신들의 1호 고객, 즉 페르소나가 누굴지를 예측할까요? 저는 단연코 "예"라고 대답하겠습니다. 실제로 우리나라의 아이폰 기종별 1호 고객이 누구였는지 살펴보겠습니다.

> (…) 서울 가로수길에 위치한 애플스토어에는 전날부터 아이폰11을 구매하기 위한 인파가 몰렸다. 출시일이 금요일인 점을 감안해 연차휴가를 내거나 강의 스케줄이 없는 대학생들이 대부분을 차지했지만 1호 고객은 고등학생이었다. 1호 고객은 송모 군으로 전날 오후 5시부터 줄을 서서 기다린 것으로 알려졌다. (…)
>
> – 국내 아이폰11 1호 고객은 '고등학생', 〈머니S〉, 2019. 10. 25

(…) 비가 오는 가운데 아이폰8과 아이폰8플러스를 개통하기 위해 찾은 30여 명이 시작 전부터 행사장 밖에서 대기하는 모습이 연출됐다. 개통 1호 고객은 서울 강동에서 온 취업 준비생 이모 씨로 지난달 31일부터 무려 66시간을 기다려 아이폰8을 손에 넣게 됐다. (…)
- KT, 아이폰8 정식 출시… 1호 고객 '66시간 기다려', 〈머니투데이〉, 2017. 11. 3

(…) '아이폰X 론칭 미드나잇 행사'에는 총 250여 명의 고객이 다녀갔습니다. 프리스비 관계자는 "1호 고객은 수능을 끝내고 바로 달려온 수험생이었고 수험생 자녀와 부모들이 함께 오는 경우도 많이 있었다"며 "오전 2시가 넘어서도 고객이 계속 찾아올 만큼 반응이 뜨거웠다"고 전했습니다. (…)
- '아이폰X' 위해 6박 7일 줄서기까지… 1호 고객 혜택은?, MBN, 2017. 11. 24

매년 새로운 아이폰이 나올 때마다 다양한 1호 고객이 탄생하는 점을 쉽게 파악할 수 있습니다. 당신의 1호 고객도 이처럼 다양할 겁니다. 당신의 아이디어를 가장 먼저 반길 1호 고객이 누구인지 그려봅시다. 그리고 그들을 만나 관찰하고 공감해야 합니다.

당장 교복을 입고 학교에 가세요.
품에 5kg 이상의 물건을 넣고
하루를 살아보세요.

당신의 페르소나가 고등학생이라면,
당신의 페르소나가 임신부라면요.

페르소나처럼
살아봤나요?

고객과 공감하기 위한 방법으로는 크게 세 가지가 있습니다. 관찰, 인터뷰 그리고 이번 장에서 말할 이머전immersion입니다. 이머전에선 무엇이 필요할까요?

관찰에서는 고객의 행동, 표정, 몸짓, 말투, 눈빛 등을 객관적으로 관찰하고 이해하려는 노력과, 끈질기게 기록하려 노력하고 고객에 집요히 파고들기 위해 한 번 더 생각하는 자세가 필요합니다. 대화나 해석, 전문 지식은 필요 없습니다.

인터뷰에서는 고객의 눈높이에 맞춰 예상 질문을 쓰는 것이 중요합니다. 가상의 고객과 모의 인터뷰를 해보는 것도 좋죠. 무엇보다 인터뷰에서는 질문의 기술이 중요합니다. 예를 들어 고객의 주관적 의견이나 느낌을 물어볼 때는 '열린 질문'을 해야 합니다. 고객의 솔직하고 진실한 생각을 듣고 싶다면 선택지는 오히려 방해가 됩니다.

이머전은 고객과 뒤엉켜 함께 생활하고 느끼는 것입니다. 이를 위해서는 고객의 삶 속으로 주저 없이 뛰어드는 용기와 배포가 필요합니다. 직접 고객이 되어 살아보는 것만큼 고객을 확실히 이해하는 방법은 없습니다.

하지만 이머전은 실행이 어렵습니다. 시간도 오래 걸리고 비용도 많이 들죠. 하지만 고객의 언어나 행동, 표정 뒤에 숨은 페인 포인트를 진정으로 이해하려면 그들처럼 살아보는 것 외에는 달리 방도가 없습니다.

이머전의 기원은 인류학에서 많이 쓰는 민속지학적 연구, 즉 애스노그라피ethnography에서 출발했습니다. 그리스어로 사람을 뜻하는 'ethno'와 기술writing을 뜻하는 'graphy'의 합성어로 '사람에 대한 기술'이라는 뜻입니다. 이름처럼 애스노그라피는 자연스러운 환경에서 대상을 관찰하고 상호작용하면서 그들의 행동 및 선호를 자세하고 깊게 관찰하는 연구방법입니다.

유명한 예로, 프랑스 인류학자 클로드 레비스트로스는 아마존 원주민의 삶을 이해하고 국가 간 문화 비교를 체계적으로 연구하기 위해 4년간 아마존 원주민과 함께 생활했습니다. 원주민의 말, 행동, 자연과 교감하는 방식을 관찰하고 그들과 교감하면서 기존 문헌에서 발견할 수 없었던 인사이트를 얻었죠.

인류학자들의 고된 연구방법으로 시작된 애스노그라피는 1980년대 이후 마케팅 방법론으로도 널리 사용되기 시작합니다. 마케팅에서 애스노그라피를 주목한 계기는 기존의 서베이,

고객과 4년간 살아봐라.

그곳이 **남극**이거나

아프리카 **오지**거나

**전쟁터**일지라도.

포커스그룹인터뷰 등의 방법으로는 고객의 숨은 니즈를 더 상세히 포착하기 어려웠기 때문입니다. 하버드경영대학원 명예교수 제럴드 잘트먼은 "말로 표현되는 니즈는 5%에 불과하다"고 말하며 기존 조사보다 개선된 방법이 필요하다고 주장했습니다. 이를 위한 가장 효과적 방법으로 애스노그라피가 주목받은 거죠.

하지만 "고객과 공감하라"는 말 대신 "고객과 4년간 살아봐라. 그곳이 남극이거나 아프리카 오지거나 전쟁터일지라도"라고 바꿔 말하면 애스노그라피 혹은 이머전이 결코 쉽지 않아 보입니다. 그럼에도 이머전을 제대로 진행한 몇 가지 디자인 씽킹 사례를 보겠습니다.

패트리샤 무어는 노인을 위한 냉장고 손잡이를 개발하기 위해 급진적 이머전을 실천한 디자이너입니다. 26세 초년 시절 무어는 냉장고 디자인 관련 미팅에서 "관절염을 앓거나 손힘이 약한 노인이 쉽게 열 수 있는 냉장고 손잡이를 개발하는 건 어떨까요?"라는 다소 엉뚱한 질문을 내놓습니다. 상사의 반응은 "우린 그런 사람을 위해 디자인하지 않아"라는 냉소였죠.

그 말에 자극받은 무어는 '그런 사람'이 직접 되어보기로 결심합니다. 하얀 가발을 쓰고, 지팡이를 짚었으며, 제대로 걷지 못하기 위해 일부러 평소보다 작은 신발을 신었고, 무릎까지 덮는 스타킹 안에 솜과 휴지 등을 채워 부은 듯한 다리를 연출했습니다. 그리고 도수가 맞지 않는 안경을 써서 앞이 잘 안 보이게 했고, 귓속에는 솜을 넣어 소리가 잘 안 들리게 했죠. 이렇게 분장하고 나서 무어는 노인이 자주 가는 공원으로 출근했습니다.

무려 3년의 공원 출근 끝에 무어는 남녀노소 누구나 손쉽게 사용할 수 있는 '굿 그립스'라는 주방용품을 개발합니다. 기구의 손잡이 크기를 키우고, 잘 미끄러지지 않게 고무 재질로 감싸서 노인들도 안전히 쓸 수 있게 한 거죠. 굿 그립스는 이른바 유니버설 디자인의 대표적 제품으로 평가받습니다.

또 다른 사례는 임브레이스의 '인펀트 워머'입니다. 임브레이스는 스탠퍼드대 대학원생이었던 라훌 패너커가 인도에 세운 사회적기업으로, 인펀트 워머는 영아의 체온 유지를 위해 개발한 '간이' 인큐베이터입니다. 인펀트 워머 덕분에 병원에서 수천 킬로미터 떨어진 외진 마을의 산모도 인큐베이터의 체온 유지 기능을 쓸 수 있었습니다. 인펀트 워머를 개발하기 위해

## 임브레이스 인펀트 워머

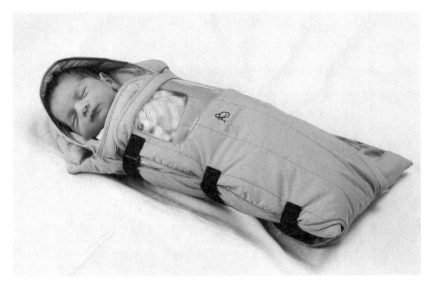

임브레이스의 개발팀은 병원과 먼 외딴 마을에서 석 달간 생활했습니다. 산모와의 이머전을 통해 기존에는 생각지 못했던 획기적 기능을 설계할 수 있었죠.

하지만 모든 이머전이 몇 달, 몇 년이나 걸리는 건 아닙니다. 이머전의 기간이 길고 짧은 게 중요하지 않습니다. 석 달로도 적절한지, 4년 이상 걸릴지는 아무도 모릅니다. 다만 실제 고객처럼 살아보는 행동 자체만으로도 관찰이나 인터뷰로는 얻을 수 없는 더 깊은 깨달음을 주는 것은 확실합니다.

여러분은 일주일에 얼마나 콜센터 전화를 받나요? 저는 두 번 정도는 받는 것 같습니다. ARS 전화도 받지만, 상담사가 직접 전화하는 경우라면 저는 최대한 예의를 갖춰 응대합니다. 곁에서 통화를 듣는 사람들은 "쓸데없는 전화인데 뭐 그리 격식을 갖추냐?"고 의아해합니다. 제가 대학 시절에 두 달 정도 콜센터에서 일한 적이 있기 때문입니다. 대학을 졸업하기 전에 색다른 경험을 해보고자 지원했던 일입니다. 여의도공원 끝자락에 있던 회사였는데, 역과 멀어 꽤나 오래 걸어야 했던 기억이 있습니다.

그 두 달간 저는 콜센터 직원의 애환을 직접 겪을 수 있었습니다. 짧은 시간에 수화기 너머 들려오는 얼굴 모를 고객의 반응은 각양각색입니다. 대부분은 냉랭하거나 불쾌한 반응으로 전화를 끊지만, 가끔 훈훈한 고객도 만날 수 있었습니다. 특히 저를 동등한 인격체로 대우해주는 고객을 만나면 고마움을 넘어 그간의 스트레스가 사라지는 후련함을 느꼈습니다. 아주 대단한 격려나 따뜻한 응원은 아니었지만, 인간 대 인간으로서 대화하는 몇 초가 그렇게 훈훈할 수 없었죠.

제가 콜센터 전화에 예의를 차리는 이유는, 그들에게 기분 좋은 하루를 선사하고 싶어서입니다. 그리고 두 달이란 값진 시간을 써서 얻은 저의 공감 능력을 버리고 싶지 않아서입니다.

"매트 위에 앉은 고양이는 스토리가 아니다.
하지만 개의 매트 위에 앉은 고양이는
스토리가 된다."

영국의 작가 존 르카레가 말하는
스토리의 정의입니다.

스토리텔링도
디자인 씽킹입니다

인시아드 학장과 켈로그스쿨 학장을 역임했던 디팍 자인을 2017년 우송대 명예총장으로 섭외한 적이 있습니다. 제가 인시아드 MBA에 다니던 시절 학장이었던 분을 태국까지 가서 뵙고 명예총장으로 모셨으니 정말 영광스러운 경험이었죠.

켈로그스쿨은 미국 노스웨스턴대 MBA인데 이른바 '마케팅 사관학교'로 유명합니다. 무엇보다 켈로그스쿨을 유명하게 만든 주역은 현대 마케팅의 아버지라 불리우는 필립 코틀러입니다. 우리에게도 익숙한 코틀러는 2001년 〈파이낸셜타임스〉가 선정한 비즈니스 구루에 잭 웰치, 피터 드러커, 빌 게이츠에 이어 4위에 이름을 올렸으며, 그가 36세에 펴낸 《코틀러의 마케팅 원리》는 지금도 대학 마케팅 강의에서 가장 많이 쓰이는 이른바 '바이블'로 통합니다.

한번은 코틀러가 참가하기로 한 컨퍼런스에 자인이 대신 참석한 적이 있습니다. 자인 역시 석학이었지만, 문제는 청중들이 코틀러를 기대하고 왔다는 겁니다. 예상에 없던 사람을 그대로 소개했다간 청중의 반발이 예상됐습니다. 컨퍼런스 시작 몇 분 전, 연단 뒤에서 사회자와 자인은 작전 회의를 합니다. 사회자가 묻습니다.

"만나서 반갑습니다. 지금 켈로그에서 어떤 일을 하고 계신지요?"

"네. 저는 켈로그에서 학장을 맡고 있습니다."

잠시 어색한 침묵이 흐릅니다. 사회자는 학장이 정확히 무슨 일을 하는지 잘 모르는 것이 분명했습니다. 사회자가 짧은 질문을 이어갑니다.

"학장이라면… 구체적으로 어떤 일을 하시죠?"

자인은 잠시 고민하다가 입을 엽니다.

"회사로 치면 CEO입니다. 교수를 관리하며, 교무와 행정을 총괄합니다."

CEO라는 단어를 듣자 사회자는 어느 정도 이해한 듯한 표정을 보입니다.

"네, 잠시 후 위에서 뵙겠습니다."

짧은 악수를 마치고 사회자는 서둘러 연단으로 올라갔습니다.

컨퍼런스의 막이 올랐고, 마이크를 든 사회자는 연사로 나설 자인을 소개합니다.

"여러분, 안녕하십니까? 컨퍼런스에 참석해주셔서 대단히 감사합니다. 오늘 연사로 예정됐던 필립 코틀러 교수가 개인적 이유로 참석이 어려워진 점, 양해 말씀을 드립니다."

청중들이 웅성거리기 시작합니다. 몇몇은 귀를 의심하는 표정을 짓기도 합니다.

"하지만 그를 대신해 켈로그스쿨의 마케팅 분야 석학을 모셨습니다. 코틀러 교수와 함께 다수의 논문과 책을 공동 연구·집필했으며, 지금은 켈로그스쿨에서 필립 코틀러의 '보스'로 근무 중인 디팍 자인 교수를 소개합니다."

'보스'라는 말을 들은 관객들은 의심 어린 눈초리를 거두고 열렬한 환호로 자인을 환영했습니다.

고객이 진정으로 불편해하는 위키드 프라블럼을 해결하려면 그 문제 이면에 숨은, 고객의 현 상황을 둘러싼 맥락을 파악해야 합니다. 그래야 진정으로 고객과 공감할 수 있습니다.

맥락은 정보가 지나치게 많거나 적을 때 그 중요성이 높아지는데, 이른바 '정보 과잉의 시대'를 사는 우리에게 더욱 필요한 존재입니다. 빅데이터와 수많은 센서, 언제나 접속된 모바일 기기와 소셜미디어에서 나오는 수많은 정보에서 맥락을 정확히 읽어야만 변화의 소용돌이 속에서 살아남을 수 있으니까요.

미국의 인류학자 에드워드 홀은 "커뮤니케이션은 문화고, 문화는 커뮤니케이션이다"라고 말했습니다. 홀은 《문화를 넘어서》에서 문화를 맥락으로 나눕니다. 그에 따르면 우리나라는 일본, 중국과 함께 대표적인 고맥락 문화권이며 미국, 호주, 독일 등은 저맥락 문화권입니다. 고맥락 문화에서는 메시지보다 맥락을 통해 정보를 전달하는 비중이 상대적으로 높죠. 저맥락 문화에서는 메시지에 대부분의 정보를 담아서 명확하게 소통합니다.

인시아드 교수이자 《컬처 맵》, 《규칙 없음》을 쓴 에린 마이어는 고맥락 문화에서 소통 오해가 더 많이 발생할 수 있다고 지적합니다. 저맥락 문화에서는 기본적으로 상대방이 내 상황을 잘 모를 것이라 가정하는 반면, 고맥락 문화에서는 상대방이 나와 어느 정도 맥락을 공유한다고 가정하고 메시지에 명확한 정보를 담지 않기 때문이죠.

디자인 씽킹에서 이 맥락 파악은 상당히 중요합니다. 맥락 파악이란 메시지의 요지 파악이며, 이는 새로운 스토리를 창출하는 능력으로 연결됩니다. 그런데 디자인 씽킹에서는 어렵게 꼬인 문제의 해결법을 쉽고 명확하게 전달하는 스토리텔링 능력을 중시하기 때문이죠.

나이키는 광고에서 신발의 기능과 디자인을 홍보하지 않습니다. 다만 스포츠 스타의 경기와 삶을 반복적으로 보여주죠. 고객은 '그 위대한 스포츠라는 영역'에 참여하기 위한 '입장권'으로서 나이키 제품을 구매합니다.

스타벅스는 어떨까요? 이제 스타벅스를 단순한 커피숍이라 생각하는 소비자는 거의 없습니다. 이제 골목마다 커피숍이 가득한 데다 원두 품질도 크게 차이 나지 않습니다. 이러한 레드오션 시장에서도 스타벅스는 여전히 자기만의 훌륭한 포지셔닝을 유지합니다. 이는 스타벅스가 단순히 커피를 판매하는 것이 아니라 '휴식과 문화 그리고 감성'을 판매하려 노력하기 때문입니다.

이 외에도 이케아는 평범한 가구점이 아닌 어른들의 놀이공원으로 자리매김했으며, 일본의 서점 츠타야 역시 '라이프스타일 판매자'로 다시 태어나 일본 연간 책 판매 1위라는 타이틀을 얻었습니다.

이렇게 나이키, 스타벅스, 이케아, 츠타야 모두 자사의 기업 환경을 둘러싼 맥락을 스토리로 풀어내는 훌륭한 기술을 가졌

습니다. 스토리텔링은 대부분의 사람이 생각하지 못한 프레임으로 세상을 바라보는 고유한 능력입니다. 스페인 IE MBA 교수 피터 피스크는 《게임 체인저》에서 기업이 어떻게 브랜드 스토리를 만들어내는지를 이렇게 설명합니다.

"기업은 주로 신화, 전설 그리고 동화처럼 영원한 진실을 중심으로 브랜드 스토리를 만든다. 실제로 누구나 이용할 수 있는 전형적 플롯이 있는데, 이 플롯을 이용하면 누구나 성공적인 스토리를 만들 수 있다. 톨스토이는 '모든 위대한 문학은 여행을 떠나는 사람에 대한 이야기이거나 마을에 나타난 낯선 사람에 대한 스토리'라고 말했다. 어떤 이는 흥미로운 스토리는 오직 하나밖에 없다고 말한다. 바로 성배를 찾는 여정을 말하는 것이다. 스토리에는 기승전결이 있다. 그러나 많은 브랜드 스토리는 '기승전'을 제공하면서 '결'을 일부러 빼먹는다. 이 '의도적 누락'이 소비자들을 계속 브랜드 스토리에 빠져들게 하는 고도의 심리 장치다. 그리고 브랜드 스토리는 독특하다. 브랜드 스토리에는 극적인 순간, 긴장감이나 갈등, 비밀과 반전이 있다."

여러분도 맥락을 이해하고 프레임을 사용해 자신만의 적절한 스토리를 만들어보세요. 마주하는 고객, 직장 동료, 가족과의 공감 수준이 획기적으로 올라가고 자신의 삶의 질, 일의 성과 역시 몰라보게 개선될 겁니다. 그리고 남과 다른 가치제안 value proposition을 만들어낼 수 있습니다.

"너무 밝으니 불을 꺼야지."
"추우니까 보일러 온도를 높여야지."
"빨간 신호등에서는 멈춰야지."

이 문장이 완벽해 보이나요?

# 배고프면
# 밥을 먹어야 할까요?

"현재 클라이언트는 경쟁사 대비 원가 수준이 높습니다. 따라서 원가 절감 노력을 기울여야 합니다."

이 문장을 읽어보면 어떤 느낌이 드나요? 아주 논리적으로 완벽하고 타당한 문장입니다. 원가 수준이 높으니 원가를 절감해야 하겠죠. '배고프면 밥을 먹어야지'처럼 당연한 얘깁니다. 실제로 우리는 당연하고 직선적인 문장을 좋아합니다. 그런데 생각해봅시다. 뭔가 새로운 의문과 궁금함이 피어오르기 시작합니다. 약간의 '비틀기tweak'를 해볼 수는 없을까요?

"왜 원가가 높을까요?"

"원가가 높다고 반드시 원가를 낮춰야 할까요?"

"원가 절감 대신 그냥 매출을 더 높이면 되지 않을까요?"

디자인 씽킹을 할 때는 '배고프면 밥을 먹어야지' 식의 생각을 가장 피해야 합니다. 왜 배가 고픈지, 왜 빵이나 과자 말고 밥을 먹어야 하는지, 왜 배고픈 게 먹는 걸로 연결돼야 하는지 등을 면밀히 따질 때 엉뚱하고 기발한 아이디어가 떠오릅니다.

디자인 회사인 피어슨로이드는 영국 왕립청각장애인협회Royal National Institute for the Deaf로부터 '혁신적 보청기'를 디자인해달라는 프로젝트를 의뢰받습니다. 그들이 가장 먼저 집중한 것은 청각장애인이 느끼는 '특별함'이었습니다.

"보청기는 청각장애를 가졌다는 표시입니다. 장애를 가졌다는 것은 타인이 당신을 '특별하게' 볼 수 있는 여지이기도 합니다. 이 때문에 보청기를 대개는 작고 안 보이게 만들어야 한다고 생각합니다."

그런데 피어슨로이드는 그 특별함을 비틀었습니다. 얼굴에 쓰는 액세서리에서 해결책을 찾은 겁니다. 그중에서도 오랜 시간 패션 아이템으로 자리 잡은 안경, 더 나아가 선글라스의 특성에 주목합니다.

"시력이 떨어져 쓴 안경과 청력이 떨어져 쓰게 된 보청기가 다를 건 없잖아?"

그리고 블루투스 이어폰이 그들을 사로잡습니다. 거추장스러운 선 없이 자그마한 크기로 귀에 꽂아 쓰는 블루투스 이어폰 말입니다. 이제는 패션 아이템 중의 하나이기도 하죠.

그래서 피어슨로이드는 보청기를 대놓고 드러내기로 합니다. 오히려 눈에 잘 띄도록 크기를 키웠고, 다양한 디자인과 색상으로 케이스를 교체할 수 있게 했습니다. 다만 안쪽의 보청기 장치는 눈에 보이지 않게 최소화했습니다. 이를 통해 대중

**피어슨로이드가 디자인한 보청기**

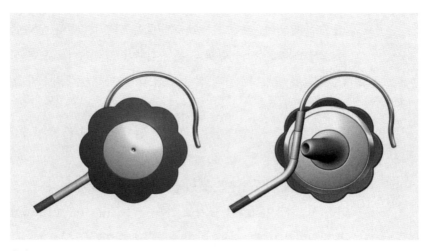

출처: pearsonlloyd.com

성과 더불어 특별함이라는 두 마리 토끼를 잡았습니다.

일부 국가에서는 이 화려한 보청기가 부의 상징으로 자리 잡았습니다. 마치 치아 교정이 부의 상징이라 일부러 '가짜 교정기'를 차는 태국의 유행과 비슷합니다.

디자인 씽킹은 사실 별것 아닙니다. 이렇게 원인과 결과를 한 번씩 곱씹는 습관만으로도 충분합니다. 남들이 보지 않는 한낱의 가능성을 파고드는 치열함과 엉뚱함이 빚어내는 일종의 '아트 오브 시잉 art of seeing'이 바로 디자인 씽킹의 첫걸음입니다.

진짜 해결이 필요한가요?
가치 있나요?
영감을 주나요?

당신의 문제는 모두
"그렇다"고 말할 수 있어야 합니다.

# RVI
## 문제 정의에 필요한 세 가지 질문

문제 정의를 제대로 하기 위해서는 세 가지 속성을 이해해야 합니다. 이른바 RVI Real, Valuable, Inspiring 입니다.

먼저 '진짜 Real 해결이 필요한지' 이해해야 합니다. 구글의 스마트 안경인 '구글 글래스'를 예로 들겠습니다. 2012년 공개된 구글 글래스는 당시로서는 매우 혁신적인 제품이었습니다. 안경 오른쪽 프리즘을 통해 영화에서나 보던 일이 가능해지니 많은 관심과 환영을 받았습니다. 하지만 여러 이유로 인해 구글 글래스는 고객이 겪는 문제에 대한 대안이 아니란 판정을 받았습니다. 이를 보완하기 위해 성능과 기능에 많은 개선이 진행됐지만, 아직까지 시판되지 않고 있습니다.

다음은 '가치 있는지 Valuable'를 이해해야 합니다. 경영 현장이나 우리 삶에서 일어나는 수많은 문제 중 진정으로 가치 있는 문제를 찾아내기란 결코 쉬운 일이 아닙니다. 정말 가치 있다고 생각한 문제가 나중엔 별것 아닌 경우가 있고, 사소하게 지나쳤던 문제가 치명적인 문제로 드러나는 경우도 많습니다.

마지막으로 '영감을 주는지 Inspiring'를 이해해야 합니다. 누구에게 영감을 줄까요? 물론 고객입니다. 피터 드러커는 이미 40여 년 전에 "기업의 목적은 고객을 창조하는 것이다. 고객이

유일한 수익원이다"라고 말했습니다. 잭 웰치는 GE의 CEO였던 시절 직원들에게 "아무도 여러분의 직장을 보장할 수 없다. 고객만이 여러분의 직장을 보장한다"고 말했을 정도죠. 만약 드러커가 지금 살아 있다면 자신이 했던 말에 이를 덧붙이지 않았을까 상상해봅니다.

"최고의 기업은 고객을 창조하지 않는다. 그들은 팬을 창조한다."

그에겐 올해 이익이 좋아졌는지를 따지는 것보다 고객의 생각과 마음을 얼마나 점유하는지가 더 중요했을 것 같습니다.

여러분은 병원 응급실에 가본 적이 있나요? 생사를 오가는 환자의 사투와 이를 지켜보는 보호자들의 조바심과 두려움으로 가득한 공간입니다. 질서와 차분함을 찾기 어려운 곳입니다. 때때로 그 불안은 병원 직원을 향합니다. 영국의 경우 창구 직원, 간호사 등에 대한 응급 환자의 불만과 공격적 언행으로 인해 연간 약 7000만 파운드, 우리나라 돈으로 1200억 원의 비용이 든다고 합니다.

영국 NHS(국민보건서비스)는 병원 고객의 불편과 직접 마주

**피어슨로이드가 새롭게 디자인한 응급실 안내 책자**

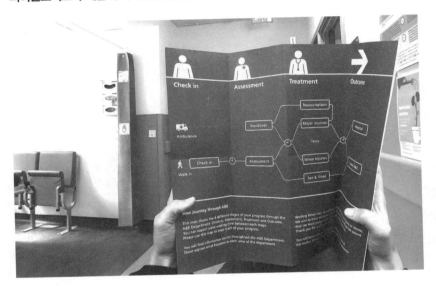

출처: pearsonlloyd.com

하기로 했습니다. 이는 피어슨로이드의 '더 나은 응급실A Better A&E' 프로젝트의 실행으로 이어집니다. 몇 달간의 디자인 씽킹 결과, 환자나 보호자의 불만과 공격적 언행에는 이유가 있었습니다. 진료가 어떻게 진행되고 얼마나 시간이 걸리는지에 대해 제대로 안내받지 못한 게 문제였습니다. 즉, 병원과 환자 간 커뮤니케이션 부족이 원인이었습니다.

그래서 피어슨로이드는 환자와 보호자가 진료 단계 및 절차를 이해하기 쉽도록 흐름도를 만들었습니다. 흐름도에 단어와 문장은 최대한 쉽고 짧게 썼습니다. 그리고 흐름도를 책자로 만들어 환자와 보호자에게 배부했습니다. 치료 공간도 새로 디자인했습니다. 중환자 치료 공간은 벽을 노란색으로 칠해 구분하는 식입니다. 이런 조치만으로도 환자는 자신의 상태가 어떤지를 바로 알고 불안감을 줄일 수 있었습니다.

환자의 88%는 이 새로운 안내가 효과적이라 답했으며 환자와 보호자의 공격적 언행은 절반가량 감소했다고 합니다. 결과적으로 프로젝트 적용 비용의 세 배에 달하는 경제적 가치가 창출됐습니다. 이 사례를 RVI 관점으로 정리해보겠습니다.

## 해결이 필요한 문제인가요?

길게 설명하지 않겠습니다. 이 문제가 '진짜' 문제인지 이해되지 않는다면 대학병원 응급실에 한번 가보세요. 환자뿐 아니라 보호자, 더 나아가 의료진이 겪는 어려움과 불편함은 말로 표현하기 어렵습니다.

## 가치 있는 문제인가요?

해당 문제로 영국에서만 연간 약 7000만 파운드의 비용이 발생합니다. 전 세계로 확대하면 수십조 원에 달할 겁니다. 경제적 가치 외에 환자와 보호자가 경험할 감정적 가치까지 감안한다면 그 규모는 더 클 겁니다.

## 영감을 주는 문제인가요?

같은 규모의 병원 A, B가 있다고 가정해보죠. A에서는 예전처럼 긴 줄을 서서 접수를 하고, 수십 분을 기다리고 나서야 담당 의사를 1분 남짓 만나고 다시 수십 분을 기다려야 합니다. 다음 절차가 언제 어떻게 진행되는지 그 누구도 설명해주지 않습니다. 반면, B에서는 병원에 오자마자 진료 절차를 상세히 안내한 책자를 줍니다. 여기엔 각 단계별 무슨 진료와 검사를 하며 단계별로 얼마나 시간이 걸릴지를 알려주죠. 두 병원 중 어디를 가겠습니까? 선택은 명확합니다.

지금 당신의 문제는 이 RVI를 갖추었나요? 그렇지 않다면 굳이 어렵고 힘든 디자인 씽킹을 적용할 필요가 없습니다. 청진기로 진단할 수 있는 문제에 MRI를 쓸 필요는 없으니까요. 그런데 디자인 씽킹을 써야 하는 문제라면 굳은 결심과 함께 최선을 다해 임해야 합니다. 그렇게 해도 좋은 효과를 거두기 어려운 것이 바로 디자인 씽킹입니다.

## '왜냐하면 놀랍게도'

당신의 문제에는
반전이 있나요?

# POV

## 그 문제에 '왜냐하면'이 있나요?

한 대기업과 디자인 씽킹을 활용한 신사업 기회 발굴 워크숍을 진행한 적이 있습니다. 그룹사 핵심 인재를 모아 매년 진행하는 교육 프로그램이었는데, 담당자 A의 태도가 인상적이었습니다. HRD팀 15년 차로 부장 직급이었던 A는 매번 진도 체크를 위해 사전 미팅을 여는 것은 물론, 강의 시작 하루 전에도 이메일로 관련 사항을 다시 한 번 확인하는 꼼꼼함을 보였습니다.

수강자와 주고받는 관계와 분위기에 따라 강의 내용을 유연하게 바꿔왔던 저로서는 A의 꼼꼼함이 약간 당황스러웠습니다. 하지만 지금 생각해보면 그의 꼼꼼한 접근이 옳았던 것 같습니다. 15명 남짓 되는 핵심 인재를 모아서 진행하는 데다 임원진도 주목하고, 최종보고가 그룹 CEO에게 올라가니 워크숍의 무게감이 남다른 것은 사실이었으니까요.

'공감'이 끝나고 '문제 정의'로 접어들 때 A가 조심스레 말을 건넵니다.

"사실 지금까지는 별거 아니지 않습니까? 진짜 게임은 POV를 어떻게 잘 정의하느냐에 달렸다고 생각합니다. 제가 잘은 모르지만, 디자인 씽킹의 핵심은 POV를 얼마나 잘, 흥미롭게 작성하느냐에 달린 거 같아요. 같은 지점에서 출발해도 POV 한 문장에 따라 결과가 천차만별인 것 같습니다."

지금까지 POV를 대수롭지 않게 가르쳤던 제겐 다소 낯선 진지함이었습니다. 그래서 POV의 대표적 템플릿을 오랫동안 되뇌어 보았습니다.

우리의 _____한 고객은 _____하기 위한 새로운 방법을 원한다. 왜냐하면 놀랍게도 _____ 때문이다.

강의까지 일주일이 남았는데, 그간 놓쳤을 법한 자료와 사례가 있는지 다시 점검했습니다. 과거에 알던 수많은 자료와 사례가 스쳐지나가는 와중 한 유튜브 영상이 눈에 들어왔습니다.

캘리포니아주 농장에서 버려지는 연간 수만 톤의 못생긴 과일 문제를 주목한 한 스타트업 대표의 동영상이었습니다. 그 회사의 POV를 정리해봤습니다.

"센트럴밸리 농부들은 소비자가 좋고 나쁜 과일의 기준을 재정의하기 위한 새로운 방법을 원한다. 왜냐하면 놀랍게도 소

"우리의 _____한 고객은

_____하기 위한 새로운 방법을 원한다.

**왜냐하면 놀랍게도 _____ 때문이다.**"

비자의 구매 습관은 도·소매업자가 정한 기준에 영향을 받고, 그 결과 먹을 수 있는 못생긴 과일의 약 20%가 쓰레기로 버려지기 때문이다."

A 덕분에 해당 디자인 씽킹 워크숍은 POV를 찾는 시간이 평소보다 서너 배 더 길었습니다. 처음에는 다들 '그다지 중요하지 않은 걸 왜 이리 오래 하지?'라는 분위기였지만, 같은 문장을 더욱 더 뾰족하게 갈고 닦으면서 기존에 생각하지 못했던 관점을 불러오는 POV의 위대한 힘을 느낄 수 있었던 시간이었습니다.

저는 '직진톡'이라는 성향 맞춤형 진로/진학 상담 플랫폼을 개발하여 운영 중입니다. 직진톡은 대입 후 전공이 적성에 맞지 않아 자퇴나 휴학을 하는 문제점에 착안해 중·고등학생의 진로/진학을 돕기 위해 만들어졌습니다. 이를 기획하면서 개발했던 여러 버전의 POV를 돌이켜보면, 잘 쓴 POV가 얼마나 중요한지 다시 한 번 깨닫습니다.

POV를 쓰기 전에 생각했습니다. 우리나라 중·고등학생은 내신, 학생부, 수능이란 입시 프레임에 갇혀 살아갑니다. 교사,

부모는 물론 친구들조차 내가 '몇 등급'인지를 너무나도 잘 압니다. 그 등급에 따라 진로에 대해 생각할 폭이 정해집니다. 잠시라도 성적을 따지지 않는 공간에서 자유롭게 진로를 고민할 수 없는 기회가 생긴다면 정말 좋을 듯했습니다. 이 서비스 하나로 그간의 현실이 하루아침에 바뀔 수는 없겠지만, 누군가는 시도해야 할 일이라 생각했습니다. 이를 바탕으로 POV를 찾았습니다.

"중·고등학생들은 선생님과 부모님이 없는 상태에서 자신의 진로를 고민하기 위한 새로운 방법을 필요로 한다. 왜냐하면 교사와 부모는 성적에 맞춰 입시와 진로를 끼워 맞추거나, 성적 향상만을 강요하기 때문이다."

"중·고등학생들은 성적을 고려하지 않고 진로를 고민하기 위한 새로운 방법을 필요로 한다. 왜냐하면 성적이 개입되는 순간 진로 문제가 입시 문제로 변질되기 때문이다."

POV를 쓰면서 저는 자신의 성향 파악을 위해 MBTI에 열광하는 현상에 주목했고, MBTI의 문제점인 복잡하고 오래 걸리는 검사를 해소할 수 있는 대안을 찾기로 했습니다. 그렇게 10개의 문항으로 약 3분 안에 본인의 성향을 파악할 수 있는

STISimple Type Indicator 테스트를 개발했습니다. STI 테스트는 강아지, 소, 호랑이, 토끼에 '리더십, 우직한, 사교적, 예술형'을 적용해 총 18가지 성향으로 구성됩니다.

직진톡을 이용하면 자신의 진짜 성향을 빠르고, 쉽고 재밌게 파악할 수 있습니다. 그리고 자신의 성향에 맞는 직업과 전공 그리고 그 전공을 가장 잘 가르치는 대학이 어디인지까지 살펴볼 수 있습니다. 3분의 테스트 동안 성적은 개입하지 못합니다. 성적은 가장 마지막 단계, 즉 자신의 성향에 맞는 전공을 잘 가르치는 대학을 '현실적으로' 고를 때 필요할 뿐이죠.

디자인 씽킹에서 POV 찾기가 어쩌면 가장 어려운 단계입니다. 어려운 만큼 중요합니다. 하지만 대부분의 경우 '문제가 뭐 중요해? 솔루션을 잘 찾는 게 중요하지. 그리고 정답은 이미 정해져 있잖아'라며 POV를 지나칩니다. 하지만 잘 작성한 POV에는 우리가 그간 생각하지 못했던 반전의 미학이 있습니다. 이 반전이 솔루션 단계에서 혁신적 아이디어를 끌어내는 마중물 역할을 합니다.

가능하다면 여럿이 함께
키워드, 그림, 도식을 써서
생각을 그리세요.

생각은 하는 것도 중요하지만
그리는 것도 중요합니다.

# 마인드 매핑
## 생각을 그려보세요

"분석적인 것을 만들어야 할 때 나는 리스트를 만든다. 하지만 뭔가 창의적인 것을 만들어야 한다면 마인드 매핑을 사용한다."

아이디오 공동 창업자인 데이비드 켈리의 말입니다. 국립특수교육원의 《특수교육학 용어사전》에 의하면 마인드 매핑은 '마음속에 지도를 그리듯이 줄거리를 이해하며 정리하는 것'입니다. 핵심 단어를 중심으로 거미줄처럼 사고가 파생되고 확장되는 과정을 확인하고, 자신이 아는 것에 대해 검토하고 고려할 수 있는 시각화된 브레인스토밍 방법이죠. 1970년대 초, 영국의 두뇌학자 토니 부잔이 처음 개발했습니다.

사실 마인드 매핑이란 용어에서 풍기는 난해함이 거부감과 두려움으로 다가오는 것이 사실입니다. 마음속 생각을 꺼내야 한다는 불편함 그리고 창의성과 연결된 방법론이라는 것에 대한 심리적 장벽도 느껴집니다. 하지만 시험 삼아 한번 해보면 '에이, 별거 아니네'라는 만만함과 '가끔 문제가 막힐 때마다 써먹어야겠는걸' 하는 효용감을 느낄 수 있습니다.

제가 마인드 매핑에서 꼽는 가장 큰 미덕은 '비논리적이어도 된다'는 자율성입니다. 기존 로지컬 씽킹에 익숙한 이들이 새로운 개념, 아이디어, 이슈를 정리하려면 주로 로직 트리 혹은 이슈 트리를 그립니다. 하지만 이런 방법은 각 요소가 겹치지 않고, 빠짐없이 나눠져야 한다는 강박관념으로 인해 사고의 폭과 자율성을 떨어뜨리는 경향이 있습니다. 논리적으로 타당한 아이디어를 일목요연하게 체계적으로 정리해야 한다는 생각으로 인해 창의적 아이디어가 끼어들지 못하는 겁니다.

마인드 매핑은 사고 전개가 로직 트리와 다릅니다. 로직 트리 안에서는 각 항목이 강력한 논리적 구조로 연결돼야 하지만 마인드 매핑에서는 인과관계, 선후관계, 단순한 연결관계 등 다양한 연결고리가 느슨하며 비체계적으로 등장합니다. 이런 느슨한 연결이 바로 창의성과 혁신의 원천입니다.

마인드 매핑은 두 가지 방식으로 진행 가능합니다. 인사이드-아웃과 아웃사이드-인입니다. 이름만으로는 정확히 어떤 방식인지 감이 안 올 수 있습니다. 각 항목에 대해서 자세히 알아보겠습니다.

## 인사이드-아웃: 핵심 아이디어 확장하기

'인사이드-아웃inside-out'은 핵심 아이디어를 중심에 놓고 자유롭게 사고를 확장하는 방법입니다. 이 방법에 대해 부잔이 주장한 원칙은 일곱 가지입니다.

- 중심에서 시작한다.
- 중심 생각을 나타내기 위해 이미지를 이용한다(셋 이상의 색상).
- 전체적으로 색상을 사용한다.
- 중심 이미지와 주가지를 연결한다. 주가지 끝에서부터 부가지를 연결한다. 그리고 부가지의 끝에서 세부가지를 연결한다.
- 흐름이 보이게 적절히 구부려 가지를 만든다.
- 각 가지에는 하나의 키워드만을 쓴다.
- 전체적으로 이미지를 쓴다.

## 아웃사이드-인: 핵심 아이디어 찾기

'아웃사이드-인outside-in'은 인사이드-아웃보다는 분명 생소한 접근이지만, 더욱 새로운 인사이트를 가져올 수 있습니다. 7단계로 진행되며 단계별로 좀 더 자세히 설명하겠습니다.

1단계는 '데이터 배치'입니다. 고객 인터뷰 내용, 시장 데이터, 저니 매핑, 공감 지도, 페르소나 분석 결과 등 수집한 데이터를 모든 사람이 볼 수 있게 펼칩니다. 모든 데이터는 시각화를 통해 핵심 구성 요소별로 보기 쉽게 배열해야 하며, 자료를 보는 장소는 미술관 작품 전시장처럼 꾸미는 게 좋습니다. 고객이 정보를 보면서 설명을 듣기에 좋기 때문입니다.

2단계는 '참여자 초대'입니다. 잠재 고객 중 몇몇을 선정해 초대합니다. "당신의 직관력을 하루 내지 반나절 정도만 빌리고 싶다"고 부탁합니다. 고객이 도착하면 팀을 짜서 자리를 배정하고 참여자마다 펜, 중간 크기 메모지/큰 메모지 각각 한 묶음, 메모지를 붙일 판을 줍니다. 그리고 모든 메모지를 붙일 수 있는 대형 판을 하나 준비합니다.

3단계는 '데이터 투어'입니다. 팀별로 자료가 배치된 전시장을 한 바퀴 돌면서 각각의 데이터가 뜻하는 바를 설명해줍니다. 다만 팀마다 전시장 내 출발 위치가 서로 달라야 합니다.

4단계는 '아이디어 선정'입니다. 참여자마다 중간 크기 메모지에 3단계 때 재미있었거나 인상 깊었던 아이디어를 적어달라고 하세요. 없었던 아이디어가 있다면 추가로 받아도 좋습니다.

5단계는 '유사한 것끼리 묶어서 붙이기'입니다. 참여자는 테이블로 돌아와 아이디어를 쓴 메모지를 주제별로 각자 판에 붙입니다. 여기엔 5분 정도면 충분합니다. 먼저 한 명이 공통적으로 논의할 만한 주제를 제안하고, 관련 아이디어가 쓰인 메모지를 대형 판에 옮겨 붙입니다. 나머지 참여자가 그 아이디어와 관련이 높은 메모를 덧붙입니다. 이런 식으로 각 참가자가 모두 돌아가면서 주제를 제안하고 나머지가 관련 메모지를 덧붙입니다.

6단계는 '인사이트와 아이디어 간 관련성 찾기'입니다. 대형 판을 보고 주제별 메모지마다 연결고리를 보고, 각 주제를 가장 잘 요약하는 인사이트를 찾으세요. 인사이트를 찾았다면 큰 메모지에 써서 주제별로 묶인 메모 윗부분에 붙입니다. 그리고 각 묶음 사이의 상호 관련성을 찾아내야 합니다. 선후관계가 될 수도 있고 인과관계가 될 수도 있습니다.

7단계는 '아이디어의 디자인 기준/조건 찾기'입니다. 지금까지 나온 내용을 바탕으로 "만약, 무엇이든 가능하다면~"으로 시작하는 질문을 던집니다. 그 질문에 대한 답을 기록합니다. 이 답은 아이디어화 단계 때 고려할 자료가 됩니다.

저는 2016년에 솔브릿지국제경영대학에서 외국인 학생을 유치하기 위한 홍보/마케팅을 총괄했습니다. 다양한 나라에서 온 10여 명이 한 팀이었는데, 국적이 다르듯 일의 진행 방식도 달랐습니다. 그중에서도 베트남인 팀원의 접근 방식이 다른 직원과 확연히 달라 기억에 남습니다.

그 팀원이 한 달의 적응 기간을 마치고, 향후 1년간 마케팅 플랜을 짜서 논의하는 자리를 가졌습니다. 그가 A3 용지에 컬러로 출력해온 것이 바로 마인드 맵이었습니다. 컨설턴트적 사고가 아직 남은 제게 그 마인드 맵은 너무나도 체계가 없어 한눈에 이해하기 어려웠습니다. 결국, 프레젠테이션 한 장으로 요약해 다시 보고하도록 지시했었습니다.

하지만 1년 뒤, 그의 성과는 다른 팀원과 비교할 수 없을 만큼 빼어났습니다. 베트남 현지 학교와의 새로운 협력 모델

구축, 현지 사무소 운영과 셀러브리티 마케팅 등 그간 대학교에서 생각하기 어려웠던 아이디어를 실현해, 우수한 베트남 학생이 많이 지원했습니다. 그의 혁신적 아이디어의 원천이 아마도 마인드 매핑으로 사고하는 방식 덕분 아니었을까 생각합니다.

다양한 색상의 펜으로 단어, 그림, 도식을 활용해 생각을 정리해보세요. 엑셀로 정리하던 로직 트리와는 확연히 다른, 말랑말랑한 아이디어가 샘솟을 겁니다. 더 중요한 것은, 혼자 하는 것보다 여럿이 함께하는 것이 더 효과적이라는 사실입니다.

바로, 지금 여기에다
당신의 생각을 그려보세요.
옆에 누군가 있다면 같이 그려보세요.

"우리라면
어떻게
했을까?"

고객 중심적이고
창의적인 아이디어가
나오는 주문입니다.

# HMW

우리라면, 어떻게, 했을까요?

이른바 '혁신 기업'이라는 곳은 혁신으로의 프로세스를 어떻게 시작할까요? 아마도 이 질문으로 시작할 겁니다.

"How Might We?"

우리나라 말로 정말 다양하게 해석 가능한, 꽤 오묘한 질문입니다.

"우리라면 어떻게 했을까?"

"우리 이렇게 해보면 어떨까?"

"만약 이런 상황이면 어떨까?"

HMW의 개념을 만들고, 40여 년간 HMW의 가치를 알린 경영 컨설턴트 민 바사더는 이렇게 말합니다.

"사람들은 종종 '우리는 이것을 어떻게 할 수 있을까?' 혹은 '우리는 이것을 어떻게 해야 할까?'와 같은 질문으로 문제를 해결하려 한다. 하지만 '할 수 있을까can'와 '해야 할까should'는 판단을 강요하는 언어로 사람의 사고를 경직시킨다. 그러나 이를 '했을까might'로 바꾸는 작은 행동 하나만으로도 엄청난 변화를 가져올 수 있다. 왜냐하면 '했을까'는 판단을 유보하는 언어로 자유롭게 더 열린 가능성을 고민하도록 만들기 때문이다."

아이디오의 CEO 브라운은 이렇게 이야기합니다.

"Might(했을까)는 가능할 수도 있는, 혹은 가능하지 않을 수도 있는 아이디어를 꺼내게 돕는 단어다. 사실 아이디어의 가능성 여부는 현 단계에서 결코 중요한 것이 아니다."

아이디오는 HMW를 이렇게 해석합니다.

- HOW: 기술적으로, 해결 기반으로
- Might: 긍정적으로, 생산적으로, 비규범적으로
- We: 공동으로, 포괄적으로

디자인 씽킹에서 우리나라 사람이 어려워하는 것 중 하나가 HMW 찾기입니다. 일단 'Might'의 뜻을 제대로 파악하기 어려워합니다. 그리고 타인의 아이디어를 끌어오기 위해 질문하는 것, HMW를 많이 찾는 것을 어려워하죠.

그래서 스탠퍼드 D스쿨은 HMW를 보다 쉽게 할 수 있는 사고 연습으로 다음 예를 듭니다. 실제 학생들에게 주어진 과제이기도 합니다.

세 아이의 엄마가 비행기 탑승 전 게이트에서 어린 자녀를 조용히 시켜야 하는 상황입니다.

- 어떻게 해야 아이의 에너지로 주변 승객을 즐겁게 할까?

  (장점 최대화)

- 어떻게 해야 주변 승객으로부터 아이를 분리할 수 있을까?

  (단점 최소화)

- 어떻게 해야 '기다림'이 여행의 재미로 바뀔까?(반대 경우 보기)

- 어떻게 해야 대기 시간을 최소화할까?(질문 가정하기)

- 어떻게 해야 대기 시간에 상쾌함을 줄까?(형용사 따라가기)

- 어떻게 해야 승객의 자유 시간을 활용할까?

  (예상 못한 리소스 찾기)

- 어떻게 해야 공항을 스파나 놀이터처럼 만들까?

  (필요/맥락에서 유추하기)

- 어떻게 해야 공항을 아이가 좋아하는 장소로 만들까?

  (도전하기)

- 어떻게 해야 아이를 덜 성가시게 만들까?(현상 유지하기)

- 어떻게 해야 아이들을 즐겁게 할까? 어떻게 해야 부모를 덜
  서두르게 할까? 어떻게 해야 대기 지연을 줄일까?(POV 나누기)

우리나라 사람에겐 이런 질문을 꺼내는 게 아직 쉽지는 않습니다. 그래서 방법 하나를 제안합니다. 질문을 생각할 때 그 앞에 'HMW'를 붙여보세요. 공부 안 하는 중학생 B를 예로 들어보겠습니다.

- HMW: 선생님도 같이 공부 안 하면 어떨까?
- HMW: 공부를 게임으로 치환하면 어떨까?
- HMW: 공부 안 하는 행위를 무료하게 만들면 어떨까?
- HMW: B 대신 공부하는 기계를 만들면 어떨까?
- HMW: 공부 안 하면 벌어질 10년 뒤 모습을 보여주는 기계를 만들면 어떨까?

이처럼 HMW를 선언한 다음, 기존 접근과는 다른 '엉뚱한' 질문을 던져봅시다. 그게 바로 HMW가 추구하는 철학입니다.

수많은 아이디어의 점을
찍고
연결하고
섞어보세요.

창의적 아이디어가 그려집니다.

# 창의 융합 맵
## 고밀도 아이디어를 고르는 법

이번 장에선 HMW를 활용해 아이디어를 더 체계적으로 낼 수 있게 하는 '창의 융합 맵'을 소개하겠습니다. 창의 융합 맵의 출발점은 앞서 정의한 문제, 즉 잘 쓴 POV에서 출발합니다.

여기서는 신장병 환자 고충 해결을 위한 디자인 씽킹을 위해서 창의 융합 맵을 이용한다고 하겠습니다.

먼저, 맵 상단에 POV를 씁니다. 세로 축에는 페르소나의 주변 환경 혹은 각종 상황을 씁니다. 신장병 환자가 페르소나라면 시간의 순서(기상, 아침 식사, 운동, 점심 식사, 저녁 식사 등)나 주변 환경(집에 혼자일 때, 가족과 있을 때, 외출할 때 등)과 같이 구분할 수 있겠죠. 혹은 잠재적 솔루션 도구enabler로 구성할 수도 있습니다. '정책적 지원', '기술적 지원', '지자체의 도움', '사회 복지사와의 상호작용' 등으로 구성하는 식입니다. 가로축에는 HMW 기법을 활용해 나온 문장을 씁니다. 주제에 따라 다르겠지만 다섯 개 정도 찾는 것을 권합니다.

가로축과 세로축이 정해졌으면 각 조합별로 해당 셀에 아이디어를 적습니다. 해당 셀에 아이디어가 여러 가지 나와도 좋습니다.

맵에서 가장 재미있는 도구 중 하나가 각 축 마지막의 와일

## 창의 융합 맵 템플릿

| POV: | | | | | | |
|---|---|---|---|---|---|---|
| | HMW1: | HMW2: | HMW3: | HMW4: | HMW5: | Wildcards |
| enabler 1: | | | | | | |
| enabler 2: | | | | | | |
| enabler 3: | | | | | | |
| enabler 4: | | | | | | |
| enabler 5: | | | | | | |
| wildcards | | | | | | |

드카드 셀입니다. 와일드카드에는 각 축의 조합에서 나온 아이디어는 아니어도 뭔가 재미있거나 의미 있는 아이디어를 적습니다. 개인적으로는 이러한 아이디어를 '와일드카드'라고 부르는 의미를 좋아합니다.

　로지컬 씽킹의 세계에서 이 와일드카드는 '아웃라이어 outlier'라고 불립니다. 효율이나 시간의 문제로 프로젝트 초중반에 일찌감치 제외되는 아이디어입니다. 그러나 디자인 씽킹에서 아웃라이어는 잠재력 있는 후보라는 뜻의 '와일드카드'로 불립니다. 다른 아이디어가 한계를 보일 때 언제든 논의의 장으로 끌어들일 자격을 부여하죠.

　디자인 씽킹 프로젝트를 하다 보면 창의 융합 맵을 제대로 작성하는 팀을 찾기 매우 어렵습니다. 세로축 작성도 어렵지만 아무래도 가로축의 HMW를 네다섯 개는 만들어야 하는 것이 결코 만만치 않기 때문입니다. 역으로 디자인 씽킹 결과가 좋은 팀의 작업 과정을 역추적해보면 창의 융합 맵 작성에서 치열하고 밀도 있는 고민을 했다는 것을 발견할 수 있습니다.

　돌이켜보면 창의성에 대단한 스킬이나 지식이 필요하진 않은 듯합니다. 잡스가 이야기했던 'Connecting dots'와 같은 정신으로 서로 떨어져 있던 속성을 연결하고 융합하려는 자세가 창의성의 씨앗이죠. 다만 속성을 연결 및 융합하고 그 결과를 보다 유의미하게 해석하기 위해 오랜 숙고의 과정이 필요할 뿐입니다.

서로 떨어져 있던 속성을
**연결**하고 **융합**하려는 자세가
창의성의 씨앗입니다.

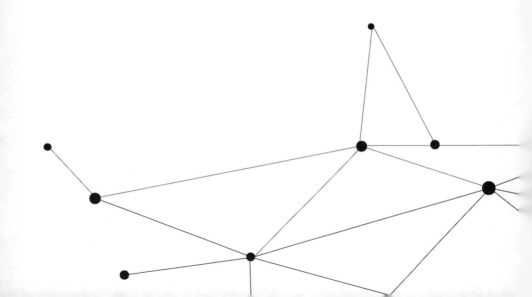

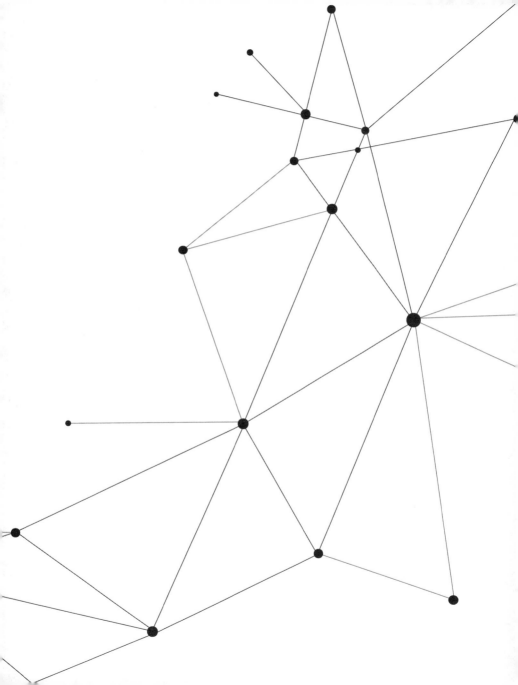

주위에 '멍청한 질문'을 하는 사람에게
고마워하세요.

이제 당신이
멍청한 질문을 던질 차례입니다.

# 똑똑한 질문엔
# 혁신이 없습니다

제가 학교 강의에서 디자인 씽킹 프로젝트를 할 때 주문처럼 하는 말이 있습니다.

　"지금부터, 이 프로젝트와 관련된 똑똑한 질문을 세 개 뽑아보세요. 제한 시간 3분입니다."

　3분이 지나면 한 명씩 발표를 시킵니다. 다들 자신 있는 말투와 표정으로 '똑똑한' 질문을 내놓기 바쁩니다. 계획대로 됐으니 진짜 주문을 말합니다.

　"훌륭해요. 다들 훌륭한 질문을 이야기해서 인상 깊었습니다. 그런데 제가 몰랐던 내용을 알려준 학생이 아무도 없네요. 실망스럽게도요."

　학생들 얼굴에 당황과 긴장이 뒤섞입니다. 못 본 척하고 말을 이어갑니다.

　"사실 여러분의 모습이 이상한 건 아닙니다. 사실 우리는 지금까지 그렇게 하도록 배웠거든요. '항상 맞는 이야기를 해야 한다. 남들보다 똑똑하고, 논리적 이야기를 해야 더 좋은 평가를 받을 수 있다'라고요. 하지만요. 세상의 혁신적 아이디어는 그런 똑똑한 질문에서 시작하지 않습니다. 세상의 혁신, 놀라운 발명품은 99% 이상 멍청한 질문에서 나옵니다. 이제부터 멍청한 질문을 세 개씩 뽑아봅시다. 이왕이면 멍청하고 크레이지하면 좋겠어요."

'멍청'에다 '크레이지'라는 말에 학생들이 놀라는 눈치입니다. 사실 남 앞에서 멍청하게 보이는 것을 원하는 사람은 없습니다. 그런데 자신을 망가뜨리라고, 그것도 사람들 앞에서 망가지라니요.

물론 '멍청한 것'과 '멍청한 질문'은 완전히 다릅니다. 멍청한 질문은 긴장을 풀어주고 지금까지의 논리와 사고를 한번쯤 비틀게 합니다.

'저 사람은 뭐 저런 멍청한 질문을 하지?'

'그런데 듣다 보니 재미있네? 나도 지금까지 말 못한 생각이 뭐가 있었더라?'

멍청한 질문으로 나사가 풀린 듯 느슨한 분위기가 되면 주변 사람의 사고도 말랑말랑해집니다. 자신이 먼저 멍청해지는 것을 보여줌으로써 상대방도 논리의 갑옷을 벗고 '미쳐볼 수 있는' 유연한 분위기를 만들죠.

스탠퍼드 D스쿨의 디자인 씽킹 강의를 온라인으로 들을 기회가 있었습니다. 시차 때문에 우리나라 시간으로 자정에서 새벽 3시까지의 늦은 시간이었지만, 매주 사흘씩 진행되는 한 달간의 강의에서 많은 것을 얻을 수 있었습니다. 그중 가장 기억에 남는 강의 이야기를 하겠습니다.

첫 강의 날이었습니다. 수업방에 접속하니 뭔가 이상한 기운이 감돕니다. 웬 해골바가지의 이마에선 피가 흐르고, 누구 머리에는 칼이 꽂혀 있고, 가슴에 총을 맞은 아이언맨이 접속했습니다. 강의 안내문을 읽어보니 이렇게 써 있었습니다.

"강의 첫날 컨셉은 '엉뚱한' 핼러윈입니다. 실제 자신과 가장 다른 핼러윈 분장으로 오세요. 그렇게 실제 자신의 모습을 잠시 가려보세요."

일에 치여서 바쁘단 핑계로 강의 준비를 제대로 안 한 제 잘못이었습니다. 50명이 넘게 핼러윈 분장을 하고 줌에 접속한 광경이 아주 강렬했습니다. 나 혼자만 맨 얼굴로 접속한 게 더욱 엉뚱할 만큼 기억에 남습니다.

워크숍에서 첫날 강의를 이렇게 진행한 이유가 있을 겁니다. 뭔가 엉뚱한 생각과 멍청한 질문을 해야 디자인 씽킹이 가능한데, 강의 첫날이라고 정장에 깔끔한 얼굴로 나타난다면 여느 강의처럼 생각하고 질문하기가 쉽기 때문이겠죠. 자신의 모습을 숨기고, 다들 편하게 웃을 수 있는 분위기를 만들어 생뚱맞은 아이디어를 꺼내는 기회가 필요합니다.

　"디자인 교육 현장에서 발견되는 가장 큰 문제는 인간 행동, 심리, 사회현상에 대한 이해에 대한 노력을 점차 등한시한다는 점이다. 대신 디자인의 회화적 요소와 기술을 연마하는 데 더욱 많은 시간을 할애한다. 그 결과 디자이너는 문제를 접하면 지금까지 자신이 느끼고 경험하고 알던 지식에 근거해 문제를 해결하려고 든다. 하지만 나는 다시 문제 해결의 본질로 돌아가야 한다고 생각한다. 모두가 고개를 끄덕이는 현상에 대해서 과감히 멍청한 질문을 던짐으로써 모두를 잠시 멈칫하게 하는 것이 필요하단 말이다. 이를 멍청한 질문이라 폄하하더라도 상관없다. 오히려 너무나도 명확한 사실에 대해 '멍청한 질문'을 던질 때 질문의 가치와 울림은 더한 법이다. 생각해보라. 때로는 너무나도 명확한 것이 명확하지 않은 경우가 많다. 왜냐하면 그러한 현상, 상식과 지식은 모든 이들에게 질문되지 않고 오랜 시간 방치됐기 때문이다. 만고불변의 지식조차 한번쯤은 '지식의 청문회'에 세워볼 필요가 있다. 다시 강조하자면, 세상을 근본적으로 변화시키고 사람들의 삶을 바꾸는 혁신은 언제나 멍청한 질문으로부터 시작한다."

이와 같이, 캘리포니아대 교수이자 디자인 씽킹의 대가로 평가받는 도널드 노먼은 '한 단계 더 내려가서' 생각하고 질문하는 것의 중요성을 강조합니다. 그렇게 한 걸음 더 내딛는 용기와 더불어, 노먼은 모두가 당연하다 생각하는 가정과 상식에 도전하고 질문하는 태도를 매우 중시합니다. 그에게 '세상에 멍청한 질문'이란 없습니다. 오히려 상식에 대해 질문하고 당연시되는 가정에 대해 도전하는 멍청한 질문이 논리적인 척, 똑똑한 척하는 질문보다 백만 배 이상의 가치가 있다고 말합니다.

1989년 엑슨발데즈호 원유 유출 사고를 예로 들겠습니다. 미국의 석유 회사 엑슨모빌의 유조선이 알래스카주에서 대규모로 원유를 유출한 사건입니다. 회사 대책 회의에서 한 직원이 이렇게 말합니다.

"알래스카에 바다표범이 많은데, 바다표범에게 기름을 먹게 해서 기름을 없애면 어떨까요?"

우리나라 회사 같았으면 당장 세상 꺼지도록 한숨이 나올 것이고, 혀를 차는 소리가 회의실에 가득할 겁니다. 그런데 엑슨모빌에서는 그 멍청한 소리를 솔루션으로 연결했습니다. 물론 바다표범은 아니었고 원유의 탄화수소를 분해하는 박테리아를 활용한 거죠. 완벽한 해결책은 아니었지만 어느 정도 효과는 있었습니다. 회의 때 나온 '멍청한 질문'을 놓치지 않고 솔루션으로 연결했다는 점에서는 주목할 이야기입니다.

'우문현답'이라는 말이 있습니다. 우리 대부분은 '우문'보다 '현답'의 가치를 중시합니다. 누군가 던진 멍청한 질문에 현명하게 받아치는 정답의 상쾌함에 환호하죠. 그런데 그 현답을 이끌어낸 건 우문 아닐까요? 혁신적 아이디어는 멍청한 질문이 있어야 가능합니다.

아이디어는
많을수록 좋습니다.

컴퓨터 메모리가 높을수록,
텔레비전 화면이 클수록 좋듯이요.

아이디어는
다다다다다익선으로

디자인 씽킹 워크숍이나 강연을 하다 보면 많은 학생 및 참여자가 아이디어화 단계를 두려워합니다. 저는 이 단계의 경우 대략 10분의 시간을 주는데, 대부분은 모두가 수긍할 만한 아이디어 다섯 가지 정도를 내놓고 그 아이디어를 더욱 정교하고 그럴싸하게 포장하는 데 나머지 시간을 씁니다.

하지만 아이디어를 낼 때는 적어도 30가지 이상을 내야 합니다. 일단 많이 내놓아야 그간 생각하지 못했던 아이디어도 끌어낼 수 있고, 아이디어가 다양하고 많을수록 좋은 아이디어가 나올 확률도 높아지죠.

저는 아이디어화 단계에서 이른바 단계적 접근 방식을 쓰게 합니다. 먼저 10분간 아이디어 10가지를 내도록 합니다. 그리고 그 아이디어에 대해 살짝 비판한 후, 추가로 15분간 아이디어 10가지를 더 내도록 합니다. 추가로 낸 10가지 아이디어에 대해 더 세게 비판한 후, 추가로 20분간 아이디어 10가지를 또 내도록 합니다. 즉, 45분간 30가지 아이디어를 내게 하는 훈련입니다.

아이디어를 30가지나 내야 하니 이름만 다른 아이디어도 있고, 이미 세상에 나온 아이디어도 나옵니다. 그리고 놀라운 아이디어 한두 가지도 꼭 나타납니다. 그런데 그런 놀라운 아이디어는 대부분 20번째를 넘어설 때서야 등장합니다. 즉, 아이디어가 20가지 나오기 전까지는 모범적이지만 감흥 없는 아이디어가 대부분이라는 거죠. 제가 아이디어를 30가지 이상 내라는 이유입니다. 일반적인 아이디어는 로지컬 씽킹만으로 충분히 생각할 수 있습니다. 하지만, 그 이상을 '쥐어짜려면' 기존에 생각하지 못했던 가정이나 형용사를 써야 합니다.

아이디어와 창의성이 뛰어난 혁신가를 스나이퍼로 비유하는 경우가 많습니다. 기관총을 난사하는 '람보'보다 정확히 목표물을 겨눠 한 방에 끝내는 '윈터 솔져'에 가깝다 생각하죠. 사실일까요? 그랜트는 《오리지널스》에서 우리가 생각하는 창의적인 사람이 사실 람보에 가깝다고 이야기합니다.

"가장 위대한 오리지널스는 가장 많이 실패해본 사람입니다. 왜냐면 가장 많이 시도해본 사람이기 때문입니다. 단 몇 개의 좋은 아이디어를 얻기 위해서는 수많은 나쁜 아이디어가 필요합니다."

여러분은 셰익스피어의 작품을 몇 가지 기억하나요? 실제로 인기를 끌고 대중이 모두 알 만한 작품은 4대 비극에 5대

희극 정도죠. 거기서 몇 가지를 더한다 해도 10편 안팎입니다. 하지만 셰익스피어는 자신의 이름으로 희곡 38편, 소네트(유럽의 정형시) 154편, 장시 두 편을 남겼습니다. 〈아테네의 티몬〉, 〈끝이 좋으면 다 좋다〉 같은 희곡은 잘 알려지지 않았거나 기대보다 못하다는 평가가 많습니다. 셰익스피어가 썼다고 다 재미있거나 작품성이 좋은 건 아닙니다.

클래식도 마찬가지입니다. 모차르트는 35년을 살면서 600여 곡을 썼습니다. 베토벤은 650곡 이상을 썼으며, '음악의 아버지' 바흐의 작품은 천여 곡에 이릅니다.

미술은 어떨까요? 피카소는 드로잉만 1만 2000점, 도자기 2800점, 유화 1800점, 조각 1200점을 남겼습니다. 그런데 우리가 알 만한 그의 작품은 몇 가지가 있을까요?

아인슈타인은 당시 26세이던 1905년에만 다섯 편의 논문을 발표했는데 그중 네 편이 물리학계의 패러다임을 완전히 뒤흔든 대작이 됩니다. 당시 그의 나이는 26세에 불과했습니다. 이 젊은 과학자의 미래는 훤해 보입니다. 그 뒤의 논문 하나하나마다 파괴력이 엄청날 것 같았죠. 하지만 그렇지 않았습니다. 물론 일반상대성이론과 후에 재평가된 우주상수가 있었지만, 그가 남긴 248편의 논문 대부분은 과학계에 별 영향을 미치지 못했습니다.

　디자인 씽킹에서 아이디어는 다다익선입니다. 아니, '다다다다다익선'이라 표현해야 더 와닿네요. 양적인 많음이 질적 창의성을 담보한다는 사실을 잊지 마세요. 어떤 아이디어가 혁신적일지는 아무도 모릅니다. 그러니 일단 많은 아이디어를 내는 것이 진짜 답에 가까워지는 방법입니다.

"그는 멕시코 만류에서 조그만 돛단배로
혼자 고기잡이를 하는 노인이었다.
팔십사일 동안 그는 바다에 나가서
고기를 한 마리도 잡지 못했다."

"필요한 말은 빼지 않고,
불필요한 것은 넣지 않아야 한다"라고 말한,
헤밍웨이의 〈노인과 바다〉 첫 문장입니다.

딴지 거세요,
뺄 게 없을 때까지

디자인 씽킹에서는 타인의 아이디어를 받아들이면서 비판적으로 바라보는 자세가 중요합니다. 즉, 의도적이고 습관적으로 딴지를 거는 정신이 필요합니다. 그 좋은 예가 '딴지의 악마'와 '레드 팀'입니다.

BCG에서 신사업 관련 워크숍을 준비할 때 일입니다. 당시 팀장은 회의 때마다 악마를 한 명씩 지정했습니다. 그 악마는 '하늘에 나는 새도 떨어뜨릴' 권력을 가집니다. 회의에서 누구에게나 어떤 비판이라도 할 수 있으며, 그의 발언에는 누구도 이의를 제기할 수 없습니다. 여기서 통과된 아이디어만이 클라이언트로 전달될 자료에 실립니다.

이 딴지의 악마는 가톨릭교회의 '악마의 대변인devil's advocate'에서 따온 겁니다. 어떠한 인물을 복자/성인으로 추대하는 과정에서 악마의 대변인은 일부러 반대 의견을 내는 역할입니다. 반대 의견으로 토론을 더욱 활성화해 의견을 검증하고, 발견 못한 대안을 찾아내기 위함입니다.

레드 팀은 원래 군사 용어로 아군인 블루 팀의 약점을 파악하기 위해 편성한 가상의 적군을 뜻합니다. 구글, 아마존닷컴, 넷플릭스 등에서는 자신의 약점을 파악하고 대비하기 위해 레드 팀을 이용합니다. 그간의 약점과 허점을 내부의 적군이 철저히 파고듦으로써 더 탁월하고 완벽한 전략을 내놓기 위함이죠.

이러한 사례는 고정관념, 관성, 타성, 편견 등에 과감히 딴지를 거는 비판적 사고가 얼마나 중요한지 보여줍니다. 조직이나 심지어 CEO에게 쓴소리와 직언을 서슴없이 내놓는 존재, 100명 중 99명이 찬성하는 일에 망설임 없이 반대할 수 있는 존재가 한 명은 있어야 합니다.

우리의 고정관념은 '나 자신이 합리적이고 똑똑한 주체'라고 생각하는 믿음에서 출발합니다. 애덤 스미스가《국부론》을 통해 사람을 '합리적 경제 주체'로 본 것처럼 말이죠. 하지만 1970년대 행동경제학이 그 믿음에 딴지를 겁니다. 대니얼 카너먼과 아모스 트버스키는 수차례의 실험을 통해 '사람은 실제로 예측 가능한 비합리적 존재'라는 것을 보여주며 노벨 경제학상을 수상합니다.

카너먼과 트버스키는 사람의 생각을 두 가지로 구분합니다. 직관을 뜻하는 '빠르게 생각하기fast thinking'와 이성을 뜻하는 '느리게 생각하기slow thinking'죠. 빠르게 생각하기는 동물적 감각의 순발력, 2+2의 답, 프랑스의 수도가 어딘지를 떠올리는 것처럼 개념과 기억의 자동적 정신 활동입니다. 느리게 생각하기는 전문가의 해결책이나 354×687의 답처럼 머릿속에 즉시 떠오르지 않는 문제의 답을 찾는 정신 활동입니다.

그런데 카너먼과 트버스키는 느리게 생각하기에 근본적 한계가 있다고 말합니다. 사람이 빠르게 생각하기에 의존해, 느리게 생각하기 전에 결론을 내버린다는 게 이유입니다. 직관이라고 생각했던 사실이 알고 보니 고정관념과 편견일 가능성이 있다는 이야기죠. 그래서 빠르게 생각하기를 카너먼은 '성급한 결론으로 비약하는 기계', 맬컴 글래드웰은 '블링크', 광고 에이전시 DDB시카고의 기획이사를 지낸 제임스 크리민스는 '우리 안의 도마뱀'이라고 불렀습니다. 그리고 미국의 철학자 윌리엄 제임스는 이렇게 말했습니다.

"편견에 새로운 편견을 더할 뿐이면서 자신은 정말 진지하게 생각한다고 믿는 사람들이 의외로 많다."

그러면 어떻게 해야 성급한 결론을 어떻게 피하고 생산적 딴지를 걸 수 있을까요? 그 답은 미국의 문화사회학자 머레이 데이비스에게서 찾을 수 있습니다. 제가 박사 과정 1년

## 비판적 사고의 마법 소스 유형

| 구분 | 유형 | 예시(반대의 상황도 유효) |
|---|---|---|
| **단일 현상 관련 속성** | 구조화 | 무질서하고 비체계적으로 보이지만 사실 질서 정연하고 체계적인 경우 |
| | 구성 | 여러 종류로 구성된 것처럼 보이지만 사실 한 종류인 경우 |
| | 추상화 | 개별적으로 보이지만 사실 전체적인 경우 |
| | 일반화 | 지엽적 현상으로 보이지만 사실 일반적 현상인 경우 |
| | 안정 | 안정적이고 불변하는 것으로 보이지만 사실 불안정적이고 변화하는 경우 |
| | 기능 | 비효율적으로 보이지만 사실 효율적인 경우 |
| | 평가 | 부정적으로 보이지만 사실 긍정적인 경우 |
| **복수 현상 간 속성** | 상관관계 | 독립적으로 보이지만 사실 종속적인 경우 |
| | 공존 | 공존하는 것처럼 보이지만 사실 공존할 수 없는 경우 |
| | 공변동 | 양(+)의 공변동으로 보이지만 사길 음(−)의 공변동인 경우 |
| | 반대 | 유사하거나 동일해 보이지만 사실 반대인 경우 |
| | 인과관계 | 인과관계로 보이지만 사실 상관관계거나 인과관계와 무관한 경우 |

차 때 접한 데이비스의 논문 〈That's Interesting!: Towards a Phenomenology of Sociology and a Sociology of Phenomenology〉에서 발견한 내용인데, 그는 재미있는 연구를 위해, 비판적 사고를 위해 갖춰야 할 비판적 사고의 이른바 '마법 소스'를 정리했습니다.

모두가 반사적으로 고개를 끄덕이며 동의하는 주장이 있나요? 바로 그 순간이 바로 딴지의 악마와 레드 팀이 활동해야 하는 순간입니다.

아무리 일반적인 믿음과 사실이라도 한 번은 꼬아서 생각해보세요. 의심쩍은 부분이 있을 겁니다. 동료와 CEO를 놀라게 하고, 내 보고서를 빛나게 할 아이디어는 이 딴지에서 나옵니다.

이렇게 딴지가 나오면 전달하는 데도 전략이 필요합니다. 간결하면서도 디테일해야 합니다. 간결하고 디테일까지 할 수 있냐고요?

"헤드라인은 한 줄이 넘으면 안 돼! 간결하면서도 충분히 디테일해야 해!"

제가 BCG에서 일하던 시절, 파트너 P가 입에 달고 살던 말이었습니다. 컨설턴트 1년 차였던 저도 헤드라인이 한 줄이 넘지 않아야 한다는 것은 바로 이해했지만, 그 한 줄이 간결하면서 충분히 디테일해야 한다는 말은 '뜨거운 아이스 아메리카노'처럼 성립할 수 없는 주문이었습니다.

P는 슬라이드의 헤드라인 간결성에서는 그 누구도 넘볼 수 없는 열정과 애착을 보였습니다. 오전 최종보고를 앞두고 자정을 넘겨서까지 모든 팀원을 회의실에 불러 모아서 50장이 넘는 슬라이드를 한 장 한 장 넘기면서 헤드라인을 줄이던 기억이 지금도 생생합니다. 심지어 최종보고 한 시간 전까지 헤드라인을 고치기도 했죠.

"국내 자산운용 시장은 향후 5년간 인덱스형 펀드가 약 15% 성장하면서 전체 시장 성장을 견인함으로써, 전체 시장은 10% 이상의 높은 성장률을 시현할 것으로 전망됨."

어떤가요? 전달하고자 하는 메시지는 충분합니다. 그런데 슬라이드에 넣으면 당연히 한 줄이 넘어갑니다. 한 줄로 요약해 볼까요?

"국내 자산운용 시장은 인덱스형 중심으로 고성장 전망됨."

간결함을 추구하면서도 세밀한 내용을 쓰는 건 충분히 가능합니다. 경우에 따라 어떤 컨설턴트는 헤드라인 앞에 '한편', '특히', '더 나아가'와 같은 추임새를 적절하게 사용하기도 합니다. 각 슬라이드별 헤드라인만 봐도 내용이 이어지게끔 하기 위함이죠.

"단순함은 궁극의 정교함"이라는 말이 있습니다. 레오나르도 다 빈치가 남겼고, 잡스가 평생의 모토로 지닌 문장입니다. 아인슈타인도 "더 이상 단순화할 수 없을 때까지 최대한 단순하게 만들어라"라고 했으며, 생활가전 회사 브라운의 전설적 디자이너 디터 람스는 "좋은 디자인은 가능한 한 최소한으로 디자인한다"라고 했습니다.

세스 고딘의 《보랏빛 소가 온다》에서는 단순함의 위력을 피사의 사탑에 빗대어 이야기합니다.

"매년 수백만의 방문객이 피사의 사탑을 보러 온다. 이 탑은 광고된 그대로다. 기울어진 탑이다. 메시지를 복잡하게 만드는 건 아무것도 없다. (…) 하지만 로마 판테온the Pantheon에 대해 이야기하려면 훨씬 난해해진다. 비록 판테온이 아름답고, 숨이 막힐 듯하고, 또 중요하기도 하지만 교통편이 복잡한 피사의 사탑을 방문하는 관광객의 고작 1%만이 판테온을 보러 간다. 100:1. 단순함이 가져온 위대한 차이다."

지금 자신이 주로 하는 일을 생각해보세요. 보고서를 쓸 수도 있고 고객과 통화를 할 수도 있습니다. 그렇다면, 그 일은 간결하면서도 디테일하게 이뤄지나요?

"Less is More."

의역하면 "간결한 것이 더 아름답다"는 뜻입니다. 영국의 시인 로버트 브라우닝이 처음 쓴 이 문장은 특히 건축 분야에서 특히 자주 인용됩니다. 디자인 씽킹에서도 통하는 문장입니다. 군더더기 없는 명쾌한 문장이 더 강렬한 인상을 남기니까요.

지금까지 걸어온 길보다
앞으로의 길이 더 길 수 있습니다.
심지어 뒤돌아갈 수도 있습니다.

그것이 디자인 씽킹의 길입니다.

# 최고의 아이디어를
# 고르는 방법

수많은 아이디어를 쏟아내면 평가를 해야 합니다. 지금 당신 앞에 10가지 매우 훌륭한 아이디어가 있다고 생각해보세요. 모두 훌륭한 사업 기회로 연결돼 백만장자가 될 수도 있을 아이디어처럼 보일 수 있습니다. 하지만 크게 심호흡을 하고 차분하게 하나하나 따져보도록 하죠. 아이디어를 평가하는 방법에는 여러 가지가 있는데, 여기서는 대표적 방법 네 가지를 알아보겠습니다.

## 나우-와우-하우 매트릭스 방법

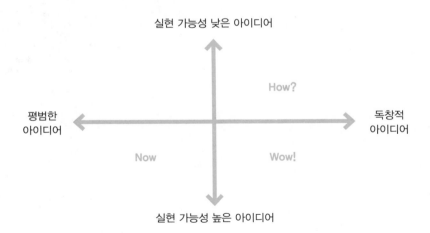

나우Now -와우Wow -하우How 매트릭스는 사분면의 형태로 가로축은 아이디어의 독창성 정도, 세로축은 아이디어의 실현 가능성 정도를 나타냅니다. '와우'가 가장 좋은 아이디어고, '나우'는 실현 가능성은 높지만 독창성이 덜한 아이디어, '하우'는 독창적이지만 실현 가능성이 낮은 아이디어입니다.

### 4개의 카테고리 방법

4개의 카테고리 방법four categories method은 테이블 위에 아이디어를 늘어놓은 다음, 잠재 고객에게 '가장 합리적인 아이디어the most rational', '가장 즐거운 아이디어the most delightful', '좋아하는 아이디어the darling', '미래지향적 아이디어the long shot'로 아이디어를 분류하게 하는 방식입니다. 분류가 끝나면 어떤 아이디어를 최종으로 선택해야 할지 논의하면 됩니다.

## 매트릭스 방법

매트릭스 방법은 가로축과 세로축 항목을 정하고 나서 가장 이상적 아이디어를 고르는 방법입니다.

### 포스트잇 투표 방법

모인 아이디어를 메모지에 적어 붙입니다. 그리고 각 참여자에게 메모지 서너 장을 줍니다. 여기서의 메모지는 투표권을 뜻합니다. 참여자는 마음에 드는 아이디어에 메모지를 붙여 투표합니다. 메모지의 색을 달리해 '좋아요/싫어요'를 구분하는 방법도 가능합니다. 단, '좋아요'가 동률인 경우 '싫어요'가 적은 아이디어가 채택됩니다.

　　이 네 가지 방법을 실행하면서 가장 중요한 점이 있습니다. 어떤 방법이든 비선형적 프로세스를 따라야 한다는 것입니다. 예를 들어 팀원끼리나 혹은 잠재 고객을 초대해서 아이디어를 평가하다 보면 선택지에 없었는데 괜찮은 아이디어가 튀어나올 때도 있습니다. 그러면 그 아이디어를 확장해 기존 아이디어에 반영해야 합니다. 지금 아이디어가 최종이고 최선이란 법은 없으니까요. 최종 아이디어와 탈락한 아이디어가 결합해 더 좋은 아이디어가 나올 수도 있으며, 최종 아이디어가 나온 후 타깃 고객의 피드백을 통해 더욱 발전시킬 수도 있습니다.

# 당신의 아이디어가 있어야 할 곳은
# 어딘가요?

빈자리일 수도 있지만
누군가 먼저 있을 수도 있습니다.
어떻게든 그 자리를 잡아야 합니다.

# ERRC
### 당신의 아이디어가 있어야 할 곳

최종 아이디어가 결정됐다고 끝이 아닙니다. 더 다듬어야죠. 경쟁 아이디어와 어떻게 다른지 보고, 만약 비슷하다면 어떻게 달리 보일지 고민해야 합니다. 즉, 아이디어의 차별화를 위해서는 고객 관점에서 다음 두 가지를 고민해야 합니다.

"경쟁 제품/서비스 중 지나친 부분은 무엇인가?"

"경쟁 제품/서비스 중 부족한 부분은 무엇인가?"

즉, 고객에게 군이 제공하지 않아도 되는 요소, 고객에게 제공해야 할 요소가 무엇인지를 알아야 한다는 점입니다. 이에 근거가 되는 경영학 방법론으로는 파괴적 혁신과 블루오션 전략이 있습니다.

파괴적 혁신은 하버드대 경영학과 교수 클레이튼 크리스텐슨이 《혁신 기업의 딜레마》를 통해 소개한 개념입니다. 그는 기업의 혁신을 존속적 혁신과 파괴적 혁신으로 나눕니다.

먼저, 존속적 혁신은 개선을 통해 고성능, 고가격의 제품을 내놓는 방식입니다. 앞에서 이야기한 구글 글래스가 존속적 혁신의 대표적 실패 사례입니다. 고객의 욕구를 이해하지 못하고 기능과 품질 중심에만 집중했기 때문입니다.

파괴적 혁신은 고객의 욕구에 따라 쓰기 쉽고 저렴한 제품

당신의 아이디어가 있어야 할 곳이
궁금하다면 고민하세요.

"경쟁 제품/서비스 중 지나친 부분은 무엇인가?"

"경쟁 제품/서비스 중 부족한 부분은 무엇인가?"

으로 시장의 밑바닥을 공략해 전체 시장을 장악하는 방식입니다. 즉, 파괴적 혁신은 고객이 진정으로 무엇을 원하는지, 고객을 위해 무엇을 해결해야 하는지 이해하는 데서 출발합니다. 크리스텐슨과 《미래기업의 조건》을 썼던 앤서니 스콧은 《멀쩡한 기업의 위기》에서 캠벨과 P&G 그리고 닌텐도를 파괴적 혁신의 사례로 듭니다. 더욱 화려하고 실제에 가까운 그래픽, 영화를 압도하는 사운드, 도전을 자극하는 난도에 치중한 보통의 게임과 비교해 닌텐도의 게임은 다른 방향을 선택했습니다. 오히려 더 간단하게, 누구나 이용할 수 있게 게임 타이틀과 콘솔을 만들어 시장을 확장시켰죠.

이러한 예 말고도 파괴적 혁신이 존속적 혁신의 판을 뒤집는 경우가 많습니다. 기업의 성패를 좌우하는 것은 결국 기술력과 가격이 아니라 고객의 불편한 점, 즉 고객이 진정으로 해결하고자 하는 문제에 달렸음을 알려주는 예입니다.

다음은 블루오션 전략입니다. 블루오션 전략은 인시아드 교수 김위찬과 르네 마보안이 쓴 《블루오션 전략》을 통해 소개됐습니다. 즉, 많은 경쟁자가 비슷한 상품/서비스로 경쟁하는 '레드오션' 시장을 떠나 경쟁자가 없는 '블루오션' 시장으로 이동하라는 것입니다. 그 블루오션을 찾기 위해서는 ERRCEliminate, Reduce, Raise, Create 기법을 반영한 '전략 캔버스(퍼포먼스 맵)'를 통해 우리의 상품/서비스에서 무엇을 제거하고 줄일지, 무엇을 강조하고 창조할지를 정합니다.

《블루오션 전략》에서는 호주의 와인 브랜드 옐로테일을 블루오션 전략의 예로 듭니다. 실제 우리나라에서도 옐로테일 와인을 손쉽게 접할 수 있습니다. 국내 와인 시장이 커지면서 프랑스, 칠레, 미국 등 전 세계에서 다양한 와인이 들어와 경쟁을 벌이지만, 옐로테일만의 포지셔닝은 아직 강력해 보입니다.

옐로테일의 전략 캔버스를 보겠습니다. 먼저 전문 용어와 고급 이미지, 매체 광고, 숙성 품질의 이미지를 제거합니다. 자연스럽게 와인의 종류가 줄었고, 산지의 명성과 전통 대신 생산 연도와 포도 품종에만 집중하게 했습니다. 향과 맛은 누구나 좋아하게끔 맞춥니다. 기존 저가 와인 대비 가격은 약간 높되, 소매점에서도 쉽게 구매하도록 유통망을 확대합니다. 여기에 기존 와인 브랜드에 없던 대중적 이미지, 선택의 용이함, 재미와 색다른 느낌을 넣습니다.

즉, 옐로테일은 기존 와인 애호가 대신 와인을 마시지 않던

**옐로테일의 전략 캔버스**

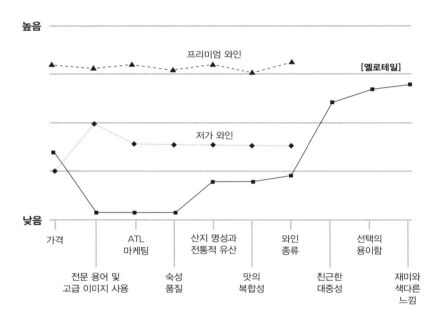

높음

프리미엄 와인

[옐로테일]

저가 와인

낮음

가격   ATL 마케팅   산지 명성과 전통적 유산   와인 종류   선택의 용이함

전문 용어 및 고급 이미지 사용   숙성 품질   맛의 복합성   친근한 대중성   재미와 색다른 느낌

출처: 김위찬·르네 마보안,《블루오션 전략》

소비자를 공략했습니다. 이렇게 어렵고 복잡한 술이라는 이미지를 피했지요. 이와 같이 전략 캔버스는 우리가 기존과 다른 위치에서 경쟁하기 위한 전략을 알아내는 데 도움이 됩니다.

전략 캔버스를 통해 무엇을 제거하고 줄일지, 무엇을 강조하고 창조할지를 정하는 게 쉽진 않습니다. 그럴 때 팁이 하나 있습니다. 기존 경쟁자의 캔버스를 그린 다음 뒤집어보면 우리의 위치가 나옵니다. 경쟁자가 강한 곳은 피하되, 경쟁자의 위치가 그저 그런 곳이나 약한 곳이 공략점이니까요. 물론 공략점을 찾았다고 끝이 아닙니다. 우리의 위치를 받아들일 고객이 실제 있을지도 생각해야 합니다.

고객에게 영감을 주는 건
아이디어를 내는 것보다 쉬울 수 있습니다.

고객을 제대로 이해하고 있다면요.

영감이 있어야
아이디어입니다

텔레비전을 보면 굶주리는 아이들, 북극곰, 이재민 등을 도와달라는 후원 광고가 자주 나옵니다. 처음에야 안타까운 모습에 눈을 떼지 못하지만 매번 비슷한 톤과 장면으로 반복되니 어느새 연민이 무뎌지곤 합니다.

　　상황이 이러니 유니세프는 고민에 빠집니다. 광고를 매년 하는데 후원금의 규모는 점차 줄어들었기 때문이죠. 광고의 효과는 떨어지는데 어떻게 해야 기부자의 마음을 움직일까 고민했습니다.

　　며칠 뒤, 뉴욕 시내 한가운데 자판기가 놓입니다. 행사 요원이 지나가는 사람에게 1달러를 주고 음료를 골라서 마시라고 합니다. 그렇게 돈을 넣고 나온 물병에는 '말라리아와 각종 세균이 가득한, 아프리카에서 직접 떠온 더러운 물'이 들었습니다. 이 더러운 물을 직접 보고, 멋모르고 먹을 뻔하고 나서야 아프리카의 고통이 진심으로 전해지기 시작합니다. 그렇게 뉴욕의 시민은 아프리카의 고통과 심정을 확실히 깨달았죠.

　　이 자판기 이벤트는 여지껏 진행한 텔레비전 광고보다 더욱 큰 효과를 가져왔습니다. 몇 주 사이 몇백억 원의 후원금이 쏟아졌고, 유니세프는 이 후원금을 통해 아프리카 지역에 우물을 파고 정수 시설을 설치했습니다. 지금 당신의 아이디어는 이 더러운 물처럼 영감을 주나요?

또 다른 사례를 보겠습니다. 미국 샌프란시스코는 지형상 오클랜드 등 이웃 도시로 가려면 교량을 이용해야 하는 경우가 많습니다. 그중 '샌프란시스코-오클랜드 베이 브리지(이하 베이 브리지)'는 총 길이 14킬로미터로 1936년 개통돼, 하루 평균 26만 대의 차량이 오고갑니다. 샌프란시스코 교통에서 가장 중요한 교량이죠.

샌프란시스코 하면 생각나는 골든게이트 브리지는 어떨까요? 골든게이트 브리지는 총 길이가 2.7킬로미터에, 하루 평균 11만 대의 차량이 오고갑니다. 규모와 기능으로 보면 베이 브리지와 비교가 안 됩니다. 이는 교량의 기능적 속성만 비교한 것일 뿐, 미국을 대표하는 관광 명소가 된 골든게이트 브리지의 감성적 가치를 무시한 것인지도 모릅니다.

실제로 우리가 샌프란시스코 하면 가장 먼저 떠올리는 장면이 있죠. 석양을 받아 붉게 빛나는 골든게이트 브리지입니다. 게다가 우리에겐 '금문교'라는 단어가 주는 매혹이 있습니다. 오감 중 시각을 강력하게 자극하는 동시에 운율과 어감이 자아내는 청각적 자극도 있습니다. 거기에 더해 교량을 직접 건너며 느낄 수 있는 경험적 가치마저 있기에 우리에게 잊지 못할 영감을 줍니다.

그렇다면 어떻게 해야 금문교처럼 영감을 주는 아이디어를 낼 수 있을까요? 아이디어를 내는 법에 대해서는 그간 많은 연구와 시도가 있는데, 여기서는 그의 대표적 방법론인 트리즈TRIZ, Teoriya Resheniya Izobreatatelskikh Zadatch를 살펴보겠습니다. 소련 출신 과학자이자 소설가인 겐리히 알츠슐러가 개발한 방법론으로, 우리나라 말로 하면 '창의적 문제 해결 이론'입니다. 영어식으로는 TIPSTheory of solving Inventive ProblemS/Theory of Inventive Problems Solving라고도 합니다.

알츠슐러는 "세상을 바꾼 창의적인 아이디어에는 패턴이 있다"는 가설을 세우고 1946년부터 17년간 특허 20만 건을 분석했는데, 다양한 분야의 신기술에 적용된 아이디어 패턴은 수십 가지에 불과했음을 확인했습니다. 이를 통해 가장 많이 활용된 아이디어 패턴 40가지를 트리즈 이론으로 정립했죠. 참고로 HMW의 접근 방식과 비슷한 면이 많습니다. 항목별 자세한 내용은 인터넷 검색 엔진을 통해 볼 수 있습니다.

## 트리즈의 아이디어 패턴

- 분할(쪼개기)
- 분리(추출하기)
- 국소적 성질(부분별 기능 다양화)
- 대칭 변환(시스템의 비대칭화)
- 통합
- 다기능성(다양화, 다기능화)
- 포개진 인형(포개기)
- 무게 보상(상쇄)
- 사전 반대 조치
- 사전 조치
- 사전 완충 작용
- 높이 맞추기
- 방향 바꾸기
- 곡선화
- 자유도 높이기
- 초과 시 조치
- 차원 바꾸기
- 진동 사용
- 작동의 주기화
- 유용함의 지속화

- 빠르게 진행하기
- 전화위복
- 피드백 이용
- 매개체 이용
- 셀프화
- 저렴한 복제물 사용
- 1회용품화
- 기계적 상호작용의 감각화
- 공기압/수압 사용
- 필름 사용
- 다공질 재료 사용
- 색상 변경
- 같은 재료 쓰기
- 폐기/재생
- 속성 바꾸기
- 상태전이
- 열팽창
- 활성화
- 불활성화
- 재료의 복합화

물론 창의적 문제 해결법이 모두 영감을 주는 것은 아닙니다. 영감을 느끼는 것은 전적으로 고객에게 달렸기 때문이죠. 아무리 창의적이라 생각한 솔루션이라도 막상 고객에게 영감을 주지 못할 수 있으며, 어디서 들어본 듯한 아이디어라도 영감을 줄 수 있습니다. 고객 관점에서 바라볼 때, 영감을 주는 아이디어는 다음과 같은 다섯 가지 속성을 가집니다.

- 가려운 곳을 긁어주는 창의적 솔루션
- 뒤통수를 치는 반전
- 세밀한 배려와 친절
- 미안한 마음을 들게 함
- 오감 중 하나를 '강력하게' 자극 혹은 둘 이상을 복합적으로 자극

**3초 안에 배달 음식 랩을 벗기게 만든 바나나스티커**

출처: 우아한형제들

'9회 특성화고 창의 아이디어 경진대회'에서 대상을 탄, 영등포공업고등학교 두 학생이 만든 일명 '바나나스티커'가 좋은 예입니다. 배달 음식의 랩 가장자리에 붙은 이 스티커에 구멍을 세 개 뚫은 뒤 벗겨내면 랩을 쉽게 벗길 수 있습니다. 언제나 꽁꽁 싸여 도착한 랩을 빠르고 완벽히 벗기기란 쉽지 않습니다. 게다가 벗기면서 손을 더럽히기도 하죠. 그만큼 이 스티커는 가려운 곳을 긁어주는 창의적 해결법이자 세밀한 배려와 친절을 보여줌으로써 다른 식당과 다르게 '팬심'을 확보할 수 있는 영감을 주는 솔루션입니다. 이 스티커는 배달의민족 운영사인 우아한형제들의 투자를 받고 상용화됐습니다.

앞에서 말한 유니세프의 자판기는 어떨까요? 오감 중 시각과 촉각을 복합적으로 자극했고, 고객이 아프리카 사람에 대해 미안해하도록 했죠. 돈을 내고 더러운 물을 산다는 반전도 줬습니다.

당신의 아이디어는 고객에게 얼마나 영감을 주나요? 창의적 아이디어를 내놓는 것은 매우 고되고 어렵지만, 고객에게 영감을 주는 것은 생각보다 쉽습니다. 고객을 제대로 이해하는 눈이 있다면 말이죠.

반전이 가져오는 울림에 대해 덧붙이고 싶습니다. 제가 운영하는 회사에서 출시한 플랫폼 '쓰앵님'은 기존 과외 매칭 플랫폼의 문제였던 스펙 및 성적 중심 매칭, 과외 교사에게 전적으로 의존하는 커리큘럼/교육 방식, 일회성에 가까운 매칭에 주목했습니다.

'쓰앵님'은 앞에서 말한 STI 테스트로 학생과 과외 교사의 성향을 분석해 서로 맞는 성향끼리 매칭해줍니다. 이를 통해 기존 플랫폼보다 학생 입장에서 느낄 문제점에 가깝게 다가갔지만, 사회문제를 해결하는 '소셜 벤처'가 사업 목적이었던 제겐 부족함이 느껴졌습니다.

그래서 제가 진정으로 풀고 싶었던 위키드 프라블럼이 무엇인지 다시 한 번 생각했습니다. '사교육공화국'이라는 오명을 쓴 우리나라 교육 시장의 판을 뒤집고 싶었던, 사업 초창기 '푸르른' 미션을 되새겼습니다.

한 달에 학원과 과외로 100만 원을 쓰든, 200만 원을 쓰든 부모와 학생의 머릿속에서 떠나지 않는 고민이 있지요. 바로 '지금 사교육이 적절한 수준일까? 제대로 돈값을 하는 건가?' 입니다. 이 질문에 대해 그 누구도 자신 있게 대답할 수 없는 게 현실이죠.

그래서 저는 '쓰앵님'에서 이 이슈를 제대로 건드려보기로 했습니다. 그렇게 등장한 것이 '사이다(사교육, 이제 다이어트할 시간) 프로젝트'입니다.

그런데 누가 봐도 과외 매칭 플랫폼과 사교육 절감 프로젝트는 본질적으로 충돌하는 아이템입니다. 이 둘을 연결하기 위한 회의가 계속됐지만 직원들은 두 손 두 발 들어 반대했습니다. 막상 과외 교사를 찾으러 왔더니 랜딩 페이지에서는 사교육을 절감하자고 하면 고객 입장에서는 난감할 수 있죠. 그런데 '사이다 프로젝트'는 이렇게 말합니다.

"당신의 사교육이 현재 적절한지 무료로 진단해드립니다. 진단 결과를 보고 나서도 여전히 과외가 필요하신가요? 그렇다면 기존 방식대로 아무렇게나 과외 선생님을 추천받지 마세요. 학생과 선생님 간 케미에 맞춰 정성스럽게 매칭해주는 '쓰앵님'을 이용하세요."

어떤가요? 메시지의 무게감에 반전의 미학이 느껴지나요? 처음부터 "최고의 과외 선생님과 공부해서 SKY에 진학하세요"라고 하는 것보다 "과외하기 전에 잠깐 그게 정말 최선인지 한

템포 천천히 생각해보고, 그래도 필요하다면 케미가 맞는 과외를 하세요"라는 메시지가 더 큰 울림을 줄 거라 생각합니다. 과외 매칭 서비스와 사교육비 절감 프로젝트에 충분히 유의미한 연결고리가 있고, 이 고리에서 강력한 반전이 느껴질 것이라 생각했기에 이를 밀어붙인 겁니다.

멋진 말 백 마디 말고
프로토타입 하나를 만드세요.

더 많은 사람을
더 빨리 감동시킵니다.

보여주세요.
말로 하지 말고요

국내 한 디자인 씽킹 업체 워크숍에 참여한 적이 있습니다. 코로나19로 인해 온라인으로 진행했는데 생각보다 많은 참여에 호응도 뜨거웠습니다. 그중 가장 인상 깊었던 상황입니다.

"여러분, 혹시 미술에 소질이 있으신가요? 손 좀 들어볼까요?"

손을 든 이들은 약 30%, 나머지 70%는 고개를 절레절레 젓습니다..

"그러면, 미술 실력이 좋아야 디자인 씽킹을 잘할까요? 좀 더 구체적으로 물어볼게요. 그림을 잘 그리면 프로토타입 디자인이 잘 나올까요?"

모두가 그렇다고 합니다. 걸려들었습니다.

"미술 실력이 좋다면야 프로토타입을 더 잘 만들 수도 있겠죠. 그런데요. 미술 실력이 없어도 전혀 지장이 없습니다. 프로토타입을 만드는 게 미술 대결은 아니잖아요? 머릿속 아이디어를 보여주는 게 목적입니다. 자, 다들 종이를 꺼내세요. 제가 이야기하는 스마일을 그려볼까요? 사람의 감정을 그림으로 옮기는 것이 프로토타입 실력을 기르는 첫 단계입니다."

찡그린 스마일, 웃는 스마일, 당황한 스마일, 짜증난 스마일

등등 20분간 모두들 수많은 표정의 스마일 아이콘을 그립니다.

"자, 이제 그린 스마일을 카메라로 보여주세요!"

모두들 다 각기 다른 솜씨로 그려냈습니다. 아주 잘 그린 그림들은 아니지만 어떤 감정의 스마일인지는 바로 알 수 있는 수준이었습니다.

다음에 볼 사례는 아이디오가 한 바이오 기업의 디자인 씽킹 프로젝트를 진행할 때 일입니다. 당시 과제는 환자의 코 안을 들여다보는 의료 기기 개발이었습니다. 기존 기기보다 더 단순한 구조에 작아야 한다는 것이 주문이었죠.

난상 토론이 이어졌고 각기 자신의 머릿속 아이디어를 마구 쏟아냈습니다. 하지만 손에 잡히지 않는 아이디어만이 어른어른 떠다닐 뿐이었습니다. 그런데 갑자기 한 엔지니어가 옆 회의실로 가더니 잠시 후 괴상한 물건을 하나 가지고 왔습니다.

그 물건은 마커, 필름통, 빨래집게로 만든 '총'이었습니다. 그것도 투명 테이프로 대충 감아서요. 그런데 모두들 작은 탄성과 함께 고개를 끄덕였습니다. 자신들이 한 시간 넘게 떠들어대던 아이디어가 바로 눈앞에 나타났기 때문입니다. 만듦새는 떨어져도 아주 빠르고 간단하게 모두가 머릿속에 그렸던 생각

**아이디오가 꼽은 최고의 의료 기기 프로토타입**

출처: 아이디오

을 만들었기 때문이죠. 참고로 아이디오에서는 그들 역사상 가장 빼어난 프로토타입으로 이 '총'을 꼽습니다.

언제나 새로운 아이디어나 컨셉을 시각화하는 것은 어렵습니다. 그리고 남에게 보여줘야 하니 모양새를 신경 안 쓸 수 없죠. 하지만 완벽하지 않음의 불편함은 잠시 접어둬도 됩니다. 모양이 부족하면 어때요? 빠르게 만져볼 수 있는 프로토타입이 백 마디 말, 오랜 시간 매끈하게 다듬은 프로토타입보다 더욱 효과적입니다.

빠르게 프로토타입을 만들기 위해 자신의 손을 더럽히는 것에 주저하면 안 됩니다. 일단 만들어보면 완벽함에 대한 심리적 장벽이 사라집니다. 그 장벽을 뚫고 나면 마치 어린 시절 자전거 타는 것과 같이 자연스럽게 프로토타입을 만드는 자신을 발견할 겁니다.

# 테스트 단계에서는
# 문제가 없는 게 문제입니다.

문제가 없다면
진짜 문제를 모르거나 외면한다는 뜻입니다.

'튕겨나감'에
익숙해지세요

핼러윈 복장으로 시작했던, 스탠퍼드 D스쿨 디자인 씽킹 강의 막바지 때 이야기입니다. 다음과 같이 강의 과제가 주어 졌습니다.

"내일모레 세션 때, 저희가 보내드린 선물 상자 가장 밑바닥 에 있는 빨간 다이어리를 가지고 접속하세요. 아직 다이어리를 찾지 못한 분은 선물 상자 바닥까지 확인해보세요."

늦은 저녁 집에 도착해 선물 상자를 뒤져봤습니다. 선물 상 자 속 서류와 색연필, 종이, 가위 밑에 새빨간 다이어리가 숨어 있었습니다. 그것도 아주 정성스럽게 포장돼 있었죠. 포장지를 뜯는 것마저 조심스러웠습니다. 그리고 이틀 뒤, 자정이 되자 줌을 켜고 강의에 접속합니다.

"자, 여러분! 제가 말씀드린 다이어리는 갖고 오셨나요? 제 가 볼 수 있게 모두 카메라 앞에 다이어리를 흔들어보세요."

다들 다이어리를 보여주고 분위기가 좋습니다. 그리고 다음 말에 저는 귀를 의심했습니다.

"이제 5분간 특별한 연습을 해볼게요. 주변에 있는 펜, 가 위, 커피, 물 등 모든 물건을 가지고 지금 여러분의 다이어리를 엉망으로 만들어보세요. 자르든, 더럽히든, 찢든, 낙서하든 여러분의 모든 상상력을 활용해서 망가뜨려보세요."

이 예쁜 다이어리를 망가뜨리라니? 포장지를 뜯자마자 바로 쓰레기통으로 보내버리라는 주문을 들으니 어안이 벙벙했습니다. 그러나 5분이 지난 후 평가는 철두철미했습니다.

"자, 망가뜨린 다이어리를 화면에 보여주세요. 각자 어떻게 했는지 한번 평가해봅시다. 먼저, 스페인에서 온 살바도르는 라이터로 다이어리를 지졌네요? 우와! 정말 멋지게 그을음이 졌어요. 쿠웨이트의 모하메드는 다이어리 가운데에 크게 구멍을 냈네요. 다시는 사용하기 어려울 정도로요."

그렇게 전 세계에서 모인 모든 수강생은 최선을 다해 다이어리를 엉망으로 망가뜨렸습니다. 도대체, 왜 이런 걸 시킬까요? 강사의 말입니다.

"지금 가장 예쁘고, 소중하고, 잠시라도 애착이 가는 물건이 있다면 그것에 대한 사랑을 한순간에 집어치울 수 있어야 합니다. 그래야 몇 주, 몇 달을 고생해 만든 프로토타입을 미련 없이 부술 수 있어요. 이런 냉정함과 용기가 없다면 디자인 씽킹을 제대로 할 수 없습니다."

이른바 '달인'을 다룬 프로그램을 보면 자주 나오는 장면이 있습니다. 오랜 세월로 다져진 일사불란한 동작으로 신들린 듯이 일에 열중합니다. 그러다 멀쩡해 보이는 제품을 골라내서 미련 없이 버립니다. 겉으로 보기엔 멀쩡해 보이는데 흠이 있거나 불량품이라는 거죠. 정성스레 구워낸 도자기를 보다가 망치로 미련 없이 깨버리는 장면 역시 이러한 장인정신을 보여주는 클리셰입니다.

테스트 단계에서는 달인의 마음가짐이 필요합니다. 아주 사소한 흠이나 문제라도 있다면 미련 없이 프로토타입을 바꾸고 고쳐야 합니다. 흠과 문제를 발견해 고치는 게 테스트의 목적이니까요. 오히려 문제점을 발견하면 기뻐해야 합니다. 문제점이 제품 출시 후에 발견됐다고 생각해보세요. 그간의 노력은 수포로 돌아가고 엄청난 손해를 감수해야 합니다.

디자인 씽킹의 프로토타입 테스트는 그 어떤 단계보다도 엄격해야 합니다. 과제의 규모나 비용이 어떻든지 간에요. 디자인 씽킹의 최종 단계인 테스트가 느슨해지고 헐거워지면 그간의 노력과 정성이 한순간에 무너질 수 있습니다. 테스트를 그저 프로토타입 만들기의 다음 단계로만 인식한다면 엄청난 착각이자 실수입니다.

따라서 테스트 때는 프로토타입을 최대한 많은 사람들에게 사용하게 해보고 그들의 소감과 불편함에 귀를 기울여야 합니다. 프로토타입의 평가는 고객이 하는 겁니다. 타깃이 조금이라도 불편해하거나 문제점을 지적한다면 그간 쏟은 피, 땀, 눈물은 잊고 처음부터 다시 시작해야 합니다.

　　테스트 단계의 힘은 여기서 나옵니다. 문제에 따라 공감, 문제 정의 혹은 아이디어 중 그 어느 단계로도 '튕겨나갈' 수 있죠. 그런데 이런 튕겨나감은 대부분이 예측하기 힘든 수준으로 반복됩니다. 테스트의 결과에 따라 석 달 전 혹은 1년 전으로 시간을 되감아야 할 수 있습니다.

　　앞에서도 말했듯, 디자인 씽킹이 단계나 순서대로 이뤄진다는 법은 없습니다. 때로는 여러 단계가 동시에 진행되거나, 어떤 단계를 건너뛰거나, 어떤 단계를 되풀이하기도 합니다. 아이디어화 단계 이전에 프로토타입이 나오는 식이죠. 고객을 더 깊게 이해하고 싶은 욕구로 인해 방향 수정이 생기는 데서 나오는 현상입니다.

지식, 도구, 스킬과 경험이
디자인 씽킹을 만듭니다.

그리고 세 가지 중
어느 하나도 부족해선 안 됩니다.

디자인 씽킹을
몸에 새기고 싶나요?

디자인 씽킹을 잘하기 위해서는 '지식, 도구, 스킬/경험'의 세 가지 속성이 균형 있게 갖춰져야 합니다. 이를 갖추기 위해서는 부단한 노력과 시간이 필요합니다. 즉, 생활화돼야 합니다.

첫째, 지식에 대해 이야기하겠습니다.

당연히 디자인 씽킹을 하려면 그에 대한 이론적 배경을 공부해야겠지요. 귀추법, HMW, POV, 창의 융합 맵 등 다양한 이론적 배경과 지식에 대해서 학습이 돼야 이해 및 적용이 가능합니다. 시중에 디자인 씽킹에 대해 이야기하는 책이 많습니다. 다만 방법론에 치우친 책이 많다는 것을 감안하세요. 방법론 말고도 책에서 나오는 성공과 실패 사례도 주의 깊게 읽어보세요. 그리고 나름대로 분석해봅시다. 이렇게 얻은 지식은 교과서를 뛰어넘는 생생한 지식이 됩니다.

둘째, 도구입니다.

디자인 씽킹에서의 도구는 '관찰, 상상, 구성'입니다. 관찰에서는 깊이 있고 세심하며 개방적인 자세가 필요합니다. 남들이 볼 수 없는 것들을 보는, 즉 인사이트를 발굴하는 게 디자인 씽킹입니다. 앞에서 말한 애스노그라피와 이머전의 예처럼 대상을 주의 깊게 관찰하고, 그들의 이야기를 세심하게 경청하며, 그들의 반응에 민감해야 합니다. 그저 얕은 이해는 지금의 모델을 관성적으로 계속 사용하게 만들어 지식을 그 자리에 멈추게 합니다. 고객을 이해하고자 한다면 자신이 원하는 데이터가 어떤 것인지, 어떻게 하면 그 데이터를 얻을 수 있는지 면밀히 검토해야 합니다.

상상이라 하면 우리는 이를 자연스러운 정신적 행동으로 여깁니다. 다만 실제로는 상상력을 충분히 쓰지 않습니다. 디자인 씽킹에서 상상은 갈고 닦아야 하는 존재로, 좋은 상상은 추론과 실험을 반복적으로 실행하게 만드는 연결고리가 됩니다.

구성은 아이디어를 실천으로 옮겨 비즈니스의 결과물을 내는 것이죠. 구성의 핵심은 귀추법에 의거한 창조적 직관이 결실을 맺을 수 있도록 비즈니스를 디자인하는 겁니다. 자신의 통찰과 새로운 해법이 비즈니스 영역이라는 더 큰 맥락에 잘 들어맞는지를 스스로에게 질문하는 과정이기도 합니다. 창조한 행동 체계가 단지 자신의 부서 또는 프로젝트에만 관련될 수도 있지만 여기서도 모델을 구축하고 테스트하며 검증할 수 있습니다.

구성을 잘하는 대표적 회사가 애플입니다. 애플은 아이팟엔 아이튠즈, 아이폰엔 앱스토어를 짝지어 독자적 생태계를 만들었습니다. 이러한 체계를 경쟁사는 곧바로 따라올 수 없었고, 애플은 사용자를 효과적으로 묶어놓을 수 있었습니다. 자신이 주인인 생태계 안에서 애플은 높은 이익을 가져갈 수 있었죠.

셋째, 스킬/경험입니다.

디자인 씽킹을 성공적으로 진행하는 사람과 팀은 자신의 역할과 관련된 도구와 기술을 숙련시키기 위해 시간과 노력을 바칩니다. 숙련이란 체계화, 기획, 집중 그리고 반복을 주요한 특징으로 합니다. 이른바 숙련가는 자신의 영역에서 특정한 현상들을 많이 다뤄보았고 그 현상들이 뜻하는 바가 무엇인지 빨리 알기 때문에 모든 변화나 정보를 처음부터 하나씩 해석할 필요는 없습니다. 다만 무한한 데이터의 늪에서 상호 간 인과관계를 생각해볼 수는 있죠.

하지만 숙련의 특징이 통하지 않는 때가 있습니다. 이럴 때는 새로운 접근법이나 해결책, 즉 독창성이 필요합니다. 독창성은 실험 및 새로운 상황에 대한 자발적 대응, 정보가 지시하는 방향을 향한 유연한 변화, 비록 기대하진 않았지만 우연히 포착된 기회에 대한 민감한 반응을 필요로 합니다.

다만 독창성이 꼭 성공으로 이어지지는 않습니다. 독창성이 필요한 과제에서는 시행착오와 반복되는 프로토타이핑을 편안한 마음으로 받아들이는 자세가 중요합니다. 그렇지 않으면 상대적으로 안전한 숙련에만 집중하기 쉽습니다. 신뢰성이 타당성을 밀어내는 경우와 마찬가지로, 숙련을 과도하게 강조하면 독창성에 대한 고려를 없애버릴 수 있습니다. 반대로 숙련이 빠진 독창성은 별나게 불규칙한 결과를 가져옵니다. 즉, 숙련과 독창성은 서로가 결합해야 합니다.

즉, 창조적 근육에 힘을 주고, 자신이 전문성을 가진 영역 밖에 있는 조직이나 모임 등에도 자발적으로 참여하면서 자신이 이미 숙련된 영역 밖으로도 손을 뻗쳐야 합니다.


앞서 말한 세 가지인 지식, 도구, 스킬/경험은 마틴이 《디자인 씽킹 바이블》에서 주장한 태도-도구-경험의 도식 체계와

**마틴이 주장한 태도-도구-경험의 도식 체계**

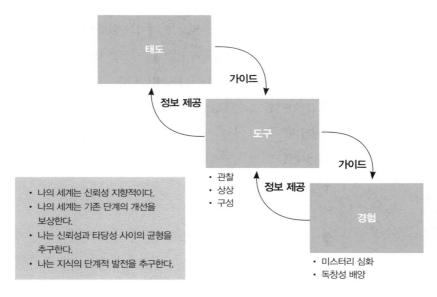

출처: 로저 마틴, 《디자인 씽킹 바이블》

일맥상통합니다. 그는 태도, 도구, 경험이 서로 유기적으로 연계돼 서로 지탱하고 이끌어주는 선순환의 구조를 이룬다고 주장합니다.

디자인 씽킹을 잘하기 위해서는 다른 방법론과 비교해 더욱 많은 노력과 오랜 시간이 필요합니다. 디자인 씽킹 관련 책을 읽고, 사례를 통해 필요한 도구를 바탕으로 실제로 시도하며 스킬을 쌓는 것이 중요합니다.

## 공감과 의인화,
## 상상의 능력을 끄집어내세요.

우리 모두는 그 능력을 가지고 있습니다.
단지 쓰지 않거나 잊고 있을 뿐입니다.

디자인 씽킹 잘하는
사람의 특징

다양한 참여자와 많은 디자인 씽킹 프로그램을 진행하면서 저는 의문이 생겼습니다. 과연 '디자인 씽킹을 잘하는 사람의 특징이 있을까?'입니다. 즉, 성별, 국적, 연령, 전공에 따라 디자인 씽킹 능력에 차이가 있을까 하는 의문이었습니다. 그간의 경험을 바탕으로 이야기하겠습니다.

먼저, 성별입니다. 디자인 씽킹이란 좌뇌보다 우뇌를 더 활발히 사용하려 노력하고, 사용자와 공감할 것을 강조하죠. 그간의 강의나 프로젝트 경험으로는 여성이 남성보다 디자인 씽킹을 좀 더 잘하는 경향이 있었습니다. 특히 '공감'에서 이 경향이 두드러졌죠. 페르소나를 좀 더 자세히 이해하고 페인 포인트를 찾는 데 여성은 평균적으로 남성보다 능숙했습니다. 이는 그간의 성별 두뇌 관련 연구에서 입증됐지만 어디까지나 경향입니다. 학습과 노력으로 얼마든지 만회가 가능하다고 생각합니다.

국적으로 보면, 동양보다 서양 출신이 디자인 씽킹을 잘하는 편입니다. 사실 정확히 표현하자면 국적보다는 문화권으로 나누는 게 더 적당합니다. 50개국 이상의 학생에게 디자인 씽킹을 가르친 경험을 돌아보면 이러한 차이가 존재했습니다. 아무래도 교육이나 문화적 성향이 차이를 만드는 듯합니다. 아직은 서열, 나이를 중시하는 동양 문화권에서 디자인 씽킹은 쉽지 않은 과제입니다.

다음은 연령입니다. 그간 저는 어릴수록 디자인 씽킹을 더 잘할 것이라 생각했습니다. 그런데 수많은 강의, 워크숍 등을 진행해보니 사실 20~40대 사이에서는 나이에 따른 역량 차이를 크게 느끼지 못했습니다. 왜 그럴까요? 우리나라 20대도 이미 주입식 혹은 정답을 강요하는 교육에 이미 익숙하기 때문이겠죠. '멍청한' 질문이나 생각을 꺼내는 데 20대나 40대나 모두 어려워했던 거 같습니다. 또한 20대가 논리적 사고의 '멋짐'에 집중할 시기기도 하니 디자인 씽킹의 비체계적 사고방식에 대한 수용도가 더 높지 않을 수도 있습니다.

하지만 아직 제가 가르치지 않은 아이나 청소년이라면 20대보다 디자인 씽킹을 잘할 것 같습니다. 좀 더 타인의 시선을 신경쓰지 않고 유연하고 느슨한 사고가 가능할 테니 말이죠. 기회가 된다면 실제로 그럴지 검증하겠습니다.

마지막으로 전공입니다. 문과, 이과 중 디자인 씽킹을 더 잘할까요? 경영대, 공대, 인문대 등 다양한 전공에서 강의를 해본 결과 문과와 이과가 주는 차이는 크지 않았습니다. 이과보다 문과가 디자인 씽킹을 더 잘하겠거니 생각했는데 그렇지 않았죠. 다만 한 분야의 스페셜리스트를 육성하는 전공보다는 다양한 분야에 걸쳐 소통과 협상을 중요시하는 제너럴리스트를 육성하는 전공이 좀 더 디자인 씽킹에 맞는 경향이 있었습니다. 서로 다른 배경과 지식을 갖춘 사람이 뭉쳐야 하는 디자인 씽킹의 기본 철학에 비춰봤을 때, 스페셜리스트는 사일로에 갇힐 가능성이 높겠죠. 한 분야를 깊게 파고들어 '나무를 보는 것'보다 한 박자 쉬며 '숲을 보는 것'에 익숙한 제너럴리스트가 여러모로 유리합니다.

이렇게 보면 디자인 씽킹에선 공감, 정답보다 질문, 멀리 보기 등의 측면이 강조됩니다. 그러고 보니 인문학이 떠오릅니다. 《교육학용어사전》에서 나온 인문학의 정의를 보죠.

"인간의 사상 및 문화를 대상으로 하는 학문 영역. 자연을 다루는 자연과학에 대립되는 영역으로, 자연과학이 객관적으로 존재하는 자연현상을 다루는 데 반해 인문학은 인간의 가치 탐구와 표현 활동을 대상으로 한다."

잡스 역시 인문학적 접근을 중요시했습니다.

"기술만으로는 충분하지 않다는 것, 그 철학은 애플의

DNA에 내재해 있습니다. 가슴을 울리는 결과를 내는 것은 인문학과 결합된 과학기술이라고 우리는 믿습니다."

잡스는 리드대학에 다니던 시절 많은 교양 강의를 청강한 것이 많은 도움이 됐다고 말했습니다. 그중 캘리그라피 강의가 큰 도움이 됐다는 이야기는 유명하죠. 또한 그는 아이디어가 막힐 때 영국의 시인 윌리엄 블레이크의 시집을 즐겨 읽었다고 합니다. 시인은 삶에 창작이 내면화된 직업이죠. 특히 대상에 말을 걸어 의인화하는 데 뛰어납니다.

사실 우리 모두에겐 의인화하는 능력이 있습니다. 어릴 적 하루하루 장난감과 인형을 가지고 뒹굴며 놀았던 때를 떠올려봅시다. 그때 어린 우리는 인형과 장난감, 반려동물과 곤충을 의인화해 마치 친구처럼 대화하고 공감하며 무한한 상상의 나래를 펼쳤습니다. 하지만 나이가 들고 학교를 거쳐 사회생활을 하면서, 신뢰성과 로지컬 씽킹에 갇혀 의인화와 상상력을 잊고 살아갑니다.

우리가 잊었던 의인화의 능력을 꺼내 발휘하세요. 그리고 귀추법, 유추법, 은유법 등으로 무한한 실험과 도전을 거듭하세요.

조직에서 디자인 씽킹을 하고 싶다면
홍길동이 되세요.

마치
'아버지를 아버지라 부르지 못하듯' 말이죠.

굳이 말로 하지 않아도
됩니다

회사나 팀에서 디자인 씽킹을 시작하기는 쉽지 않습니다. 아직까지 우리에게 디자인 씽킹은 '외계인' 같은 개념이기 때문이죠. 항상 해왔던 일과 방식을 바꿔서 안 해본 걸 하자니 막막하기도 하고 방법이 익숙하지도 않습니다. 당연히 팀 내 반발이 생깁니다. 팀 밖에선 "그쪽 팀은 디자인 뭐 어쩌고 한다면서 하루 종일 잡담에 생각만 하다 집에 가더라고요?"라는 냉소 섞인 반응도 따라옵니다.

처음 디자인 씽킹을 해보고자 하는 이들에게 도움이 될 만한 경험담을 소개하겠습니다. 호주 선코프그룹 기업금융본부의 전략기획팀을 10년가량 이끈 재키 조던의 이야기입니다.

"디자인 씽킹은 조직에 바로 적용할 수 있어요. 일단 개념을 이해하면 그대로 해보고 싶은 충동이 느껴져요. 아주 많은 문제를 해결해줄 것처럼 보이죠. 아마도 지금까지의 방식을 못 견딜 거예요. 그러나 훌륭한 해결책을 얻으려면 그 과정에서 겪을 수많은 난관을 극복할 수 있을 만큼 용감해져야 합니다. 제게 가장 큰 난관은 경력이었어요. 전 디자인 학교에 다닌 적도 없고 아이디오나 구글 같은 회사에서 일한 적도 없거든요. 제 나름의 방식대로 디자인 씽킹을 활용해 일을 잘해낼 수 있다는 믿음을 가져야 했죠. 덕분에 보험사 같은 가장 전통적 조직에서도 디자인과 상상력의 힘을 활용하는 것이 가능했어요."

조던은 여러 사업 분야에 활용 가능한 디자인 씽킹 도구를 만들었고 다양한 일에 가치를 더욱 부여할 수 있는 디자인 능력을 보여줬습니다. 예를 들어 중개 유통 채널의 시장 점유율을 높이거나, 보험금 청구 방식을 개선하거나, 서로 완전히 다른 기업 문화를 통합하는 방식 등이었죠. 이런 경험을 통해 조던은 디자인 씽킹을 처음 시도해보는 이들에게 조언합니다. 디자인 씽킹을 하겠다 굳이 말하지 말고 시작하라는 겁니다.

"작은 규모로 시작하는 게 전체를 한꺼번에 바꾸는 것보다 낫습니다. 디자인 씽킹 도구를 두세 가지 정도 골라 각 프로젝트에 실행해보세요. 더 쉽고 부담도 덜합니다. 그간 저희는 디자인 씽킹 도구를 꾸준히 구축해왔지만 이를 디자인 씽킹 방법론이라고 공개적으로 말하지 않았어요. 디자인적 사고라고 해서 꼭 디자인 씽킹이라 명시할 필요는 없습니다. 그랬다간 사람들을 기겁하게 하고 신경을 곤두서게 할 뿐이지요. 우리가 가장 잘한 일 중 하나는 디자인 씽킹 도구를 쓴다는 사실을 최대한 쉬쉬하는 것이었어요. 그저 그 도구를 기존의 전략 과

"디자인 씽킹은 조직에 바로 적용할 수 있어요.
일단 개념을 이해하면,
그대로 해보고 싶은 충동이 느껴져요."


"디자인적 사고라고 해서
꼭 디자인 씽킹이라 명시할 필요는 없습니다.
그랬다간 사람들을 기겁하게 하고
신경을 곤두서게 할 뿐이지요."

정과 통합하고, 실제로 효과 있는 도구를 접목하고 정제할 뿐이었지요."

디자인 씽킹을 처음 실행하려면 굳이 말하지 말고 실행하세요. 그렇게 조용히 진행하고 나서 작은 성공을 보면 그때 "여러분! 지금까지 우린 그 유명하다는 디자인 씽킹으로 지긋지긋한 문제를 해결했습니다!"라고 하면 됩니다. 디자인 씽킹의 장점은 몸으로 느껴야 합니다.

프로세스와 콘텐츠에는
위아래가 없습니다.

디자인 씽킹은 그 사이를
자유롭게 오갈 뿐입니다.

# 프로세스 vs. 콘텐츠

## 영원한 고민

앞에서 본, 우리나라 대형 금융그룹 디자인 씽킹 워크숍을 한창 진행하던 때 이야기입니다. 인사팀 부장이 넌지시 질문을 던집니다.

"디자인 씽킹 5단계를 끝까지 제대로 하는 게 결코 쉽지 않더라고요. 이번 워크숍에서는 무엇보다 그 프로세스를 한번 밟아보는 게 중요할 것 같습니다."

그런데 옆에 있던 다른 부장이 의견을 덧붙입니다.

"전 반대입니다. 그간 수많은 디자인 씽킹 워크숍을 해봤지만 제가 가장 실망했던 포인트는 프로세스, 즉 진도를 빼느라 디자인 씽킹을 왜 하는지 문제의식 없이 마무리됐다는 점입니다. 이번에는 형식보다 내실이 갖춰진 강의였으면 합니다. 5단계를 다 못하더라도, 참여자가 어디 가서 '디자인 씽킹 워크숍을 해보니 이런저런 교훈을 얻었다'고 이야기할 수 있는 것만으로 충분합니다. 저 또한 그러한 기대로 여기 있는 겁니다."

지식, 도구, 스킬/경험이라는 세 가지 역량의 균형 잡힌 개발을 진행하다 보면 으레 이런 문제가 생깁니다. 프로세스와 콘텐츠가 항상 부딪치죠. 실천 중심의 문제 해결 방법론인 디자인 씽킹에서는 도구와 스킬/경험을 쌓는 프로세스가 절대적으로 필요합니다. 하지만 방법론 중심만으로 문제 해결을 지속하면 방법론 이면에 놓인 이론적 배경과 지식을 등한시하기 쉽습니다. 그렇다고 디자인 씽킹 관련 이론과 지식에만 집중해도 문제입니다. 실천 중심의 문제 해결 방법론이라는 디자인 씽킹의 철학을 잊기 쉽기 때문입니다.

너무나 교과서적인 이야기지만 프로세스와 콘텐츠의 균형이 중요합니다. 프로세스와 콘텐츠의 균형이 무너지면 반쪽짜리도 아닌, 반의 반쪽짜리 헐렁한 방법론으로 끝날 뿐입니다. 프로세스와 콘텐츠를 동시에 배우고 실행하세요. 그래야 디자인 씽킹을 제대로 익힐 수 있습니다.

# 또 하나의 디자인 씽킹 프로젝트를 마치며

2019년 《4차 산업혁명 시대, 디자인 씽킹이 답이다》를 내고 나서 얼마 지나지 않은 어느 날이었습니다. 학교 선배인 서용구 숙명여대 교수가 책을 보고 연락을 해와, 숙대 MBA 강단에 설 수 있는 영광을 얻었습니다.

숙대 MBA 교수 모임에 가보니 이미 오래전부터 인연을 맺어온 박현 네모파트너즈 대표도 있었습니다. 박 대표는 제가 2016년 우송대 솔브릿지국제경영대학에 부임했을 때 진행했던 취업 역량 강화 프로젝트를 통해 만났었는데, 이렇게 숙대에서 다시 만났습니다. 좋은 사람은 돌고 돌아 다시 만나게 된다는 인생의 진리를 몸소 체험한 셈이었습니다. 그 후에도 박 대표는 솔브릿지국제경영대학을 위해 많은 도움을 줬고, 저와도 꾸준히 연락하고 만남을 가졌습니다. 박 대표는 현재 솔브릿지국제경영대학에서 취업 스킬을 강의 중입니다.

또한 《4차 산업혁명 시대, 디자인 씽킹이 답이다》를 여러 제자에게 선물했는데 그중 이서진이라는 친구가 있었습니다. 그 친구가 몇 달 후에 교수실로 찾아와 책을 선물했는데, 그 책이 바로 북스톤에서 나온 《마케터의 여행법》이었습니다.

"교수님 책과 느낌도 비슷하고, 읽을수록 자꾸 교수님이 생각 나서 선물하고 싶었습니다."

제자에게 책 선물을 받은 게 처음인지라 매우 고마웠습니다. 책을 펼쳤는데 그 자리에서 절반을 읽어 내려갔습니다. 결코 가볍지 않은 내용임에도 쉽고 친근한 문장이라 죽죽 읽혔습니다. 이것이 북스톤과의 첫 만남이었습니다. 《마케터의 여행법》은 지금도 제 책장 한가운데 꽂혀 있습니다. 책을 쓰다가 막히는 순간에 자연스럽게 꺼내보는 책 중 하나입니다.

2021년 여름, 박 대표와 네모파트너즈 산하에 디자인 씽킹 컨설팅 회사를 차리기로 하고, 우송대 교원 창업으로 '네모파트너즈 디자인사이트'가 설립됐습니다. 그리고 디자인 씽킹에 대한 제 경험과 지식을 녹인 책을 쓰자는 생각이 생겼습니다. 그간 책을 낸 출판사가 있었지만, 이 책만큼은 북스톤과 함께 하고 싶어, 다섯 쪽도 채 안 되는 기획서를 무작정 북스톤에 보냈습니다.

그리고 정말 운명처럼 북스톤 김은경 대표님(처음 연락을 주고 받을 당시에는 실장님이었습니다)과 연락이 닿았고, 10달이라는 대장정 끝에 책이 나오게 됐습니다. 앞서 말했지만 '생각 나면 일단 한번 질러보는 것'이 바로 디자인 씽킹 정신인데 실제로 먹힌 겁니다.

그렇게 시작된 북스톤과의 작업은 바로 디자인 씽킹 프로젝트의 작은 요약판이었습니다. 먼저 북스톤은 일정을 제대로 지키지 않은 저를 책망하는 대신, 더 자유로운 아이디어를 풀어낼 수 있도록 느슨하게 판을 깔아줬습니다. 원래 계획이었던 2021년 말에 출간되도록 채근했다면 지금과 같은 내용은 나오지 않았을 겁니다. 느긋하게 기다려주고, 속도보다 방향성을 믿어준 덕분입니다.

이 책은 저와 북스톤의 공동 작품에 가깝습니다. 내용이야 저자인 제가 쓴 것이지만 책의 구성과 문장 표현에서 북스톤의 적극적인 의견이 없었다면 힘들었을 고비가 많았습니다. 저자의 아이디어를 보존하면서 더 나은 방향으로 이끌어준 편집팀의 노력에 감사의 마음을 표하고 싶습니다.

마지막으로 북스톤은 자칭 '디자인 씽커'인 제가 저자로서 놓친 부분을 채워줬습니다. 타깃 독자가 누구고(결국 누가 페르소나인지), 그 타깃 독자가 원하는, 즉 자다가도 벌떡 일어날 법한 주제를 먼저 많이 고민해줬습니다. 책도 결국 '상품'이기 때문에 페르소나가 원하는 것을 건드려야 잘 팔리고, 더 많은 이들의 입에 오르내리니 페르소나 파악이 무엇보다 중요합니다. 하지만 컨설턴트가 아닌 저자가 되면서 저도 모르게 타깃 파악이란 신호를 껐던 셈인데, 이 부분을 북스톤이 잘 짚어줬습니다.

그리고 타깃의 관심을 끌 법한 문장 톤과 스토리의 속도, 질감 있는 사례를 정하고 표현하는 데도 노력했습니다. 이렇게 디자인 씽킹 책을 쓰는 동시에, 또 하나의 디자인 씽킹 프로젝트를 허락해준 북스톤에 다시 한 번 감사의 마음을 표합니다.

출간에 얽힌 스토리를 이렇게까지 자세하게 쓴 데는 이유가 있습니다. 디자인 씽킹을 강의하는 교수인 저조차 일상에서 무언가를 시도할 일이 그렇게 많지는 않기 때문입니다.

거듭 말하지만, 아이디어란 그냥 생각 나는 대로 뱉어야 합니다. '우리라면 어땠을까?' 하고 한번 질러보고, 상사가 요구하는 스케줄을 때로는 지긋이 무시할 수 있는 자신감을 가져야 합니다. 정갈하게 만든 프레젠테이션보다 얼기설기 그려냈더라도 아이디어를 바로 옮긴 스케치 한 장이 더 위대합니다. 1년이 걸려 만든 성공작보다 한 달에 10번 실패한 경험이 더 값질 수도 있습니다.

그리고 좌뇌와 우뇌를 자유롭게 오간다는 자세로, 때론 나와 다른 모습으로 다른 목소리를 내야 합니다. 직급, 팀 분위기, 상사와의 관계 등의 문제는 잠시 밀쳐두길 권합니다. 양손잡이처럼 자유자재로 생각하려는 연습을 놓지 마세요. 그래야 일의 재미도 놓치지 않을뿐더러 언제, 어디선가 필요할 수 있는 창의성과 만날 기회를 갖게 될 겁니다.

오른손잡이가 왼손을 자유로이 쓰는 것은 쉽지 않습니다. 하지만 주로 쓰던 좌뇌를 벗어나 우뇌를 쓰는 것은 생각보다 어렵지 않습니다. 사고의 훈련만으로도 가능합니다.

오늘부터 양손잡이 씽커로 살아갈, 살아가기로 할, 살아가야 할 여러분께 박수와 격려를 보냅니다. 이 책을 덮고 바로 실천하세요.
"There is only MAKE!"